FRÄULEIN KLEIN LÄDT EIN

BACKZAUBER UND DEKOLUST FÜR JEDEN ANLASS

YVONNE BAUER

FRÄULEIN
KLEIN
LÄDT EIN

CALLWEY

INHALT

HERBSTIDEEN

WINTERIDEEN

Yvonne Bauer, passionierte Bloggerin und Gastgeberin

EINLEITUNG

MITTLERWEILE SIND BEREITS MEHR ALS FÜNF JAHRE VERGANGEN, SEIT ICH ANGEFAN-GEN HABE, MEINEN BLOG ZU SCHREIBEN. SEITHER HAT SICH EINIGES VERÄNDERT. VOR ALLEM ABER HAT SICH MEINE LEIDENSCHAFT ZU BACKEN NOCH VERSTÄRKT.

Die Liebe dazu ist schon seit Kindertagen vorhanden, aber die Freude, mir neue Rezeptideen auszudenken und diese dann mit meinen Lesern zu teilen, gibt mir immer wieder neuen Schwung und steigert meine Lust am Kreativsein.

Besonders gerne mag ich es, den Jahreszeiten entsprechend vorzugehen und mir die saisonalen Leckereien herauszupicken, um damit etwas Neues zu kreieren. Dabei macht es mir viel Spaß, für meine Freunde oder die Familie etwas Außergewöhnliches zu zaubern und dabei die gebackenen Werke schön und originell zu dekorieren und alles nett anzurichten.

Während eines Jahres finden sich viele Gelegenheiten für gemeinsame Feste und Feiern, um liebe Gäste zu bewirten. Vom Osterbrunch oder einem Picknick im Grünen bis hin zum Kindergeburtstag oder einer Mottoparty à la „Einmal um die Welt" – dieses Buch soll Inspirationsgeber für verschiedenste Anlässe sein. Ich möchte meine Lust am Gastgebersein weitergeben, Ideen für einen liebevoll gedeckten Tisch oder Sweettable zeigen, und meine neuen Rezepte für süße Naschereien wiedergeben. Denn aus jedem noch so kleinen Snack lässt sich etwas Ansprechendes fürs Auge zaubern.

Viel Freude beim Nachbacken und Dekorieren!

Alles Liebe,
Yvonne

FRÜHLINGS
IDEEN

für mindestens 10 Stück

CHEESECAKE IN DER EIERSCHALE MIT SHORTBREAD-LÖFFEL

SHORTBREAD
180 g Mehl
70 g Puderzucker
120 g kalte Butter
1 Pck. Vanillezucker
1 TL Abrieb einer Bio-Zitrone

CHEESECAKE-FÜLLUNG
150 g Sahne
30 g Zucker
150 g Doppelrahmfrischkäse
Mark von ½ Vanilleschote
1 TL Zitronensaft
Abrieb von ½ Bio-Zitrone

leere Eierschalen
Die Eierschalen sollten noch ¾ ganz sein. Vor dem Füllen die Eierschalen unbedingt gründlich auswaschen, von dem inneren Häutchen vorsichtig befreien und in Salzwasser auskochen (ca. 10 Minuten lang), damit die Schale von allen Bakterien befreit ist. Danach die Schalen trocknen lassen.

Lemon Curd
Stattdessen eignet sich auch Aprikosen-, Pfirsich- oder andere gelbfarbige Marmelade.

1 Mehl mit Puderzucker in eine Schüssel sieben. Butter in kleine Stücke schneiden und dazugeben. Vanillezucker und Zitronenschale hinzufügen. Alles zusammen zu einem glatten Mürbteig verkneten. In eine Frischhaltefolie wickeln und im Kühlschrank 1 Stunde ruhen lassen.

2 Den Teig auf einer bemehlten Arbeitsfläche ca. 3 mm dünn ausrollen. Mit einem löffelförmigen Ausstecher Plätzchen ausstechen. Ein Blech mit Backpapier auslegen und die Plätzchen darauf verteilen. Bei 180 Grad im vorgeheizten Backofen ca. 8–10 Minuten backen. Sofort nach dem Backen das Backpapier mit den Plätzchen vom Backblech ziehen und abkühlen lassen.

Wer keinen löffelförmigen Ausstecher zur Hand hat, kann auch einen in länglicher Form verwenden. Ebenso eignet sich ein Messer, mit dem man längliche Stäbchen aus dem Teig schneidet. Allerdings sollte man dann vorher den Teig ca. 5 mm dick ausrollen.

3 Für die Füllung Sahne mit Zucker steif schlagen. Frischkäse mit dem Mark der Vanilleschote, dem Zitronensaft sowie dem Abrieb cremig rühren. Steif geschlagene Sahne unterheben und alles in einen Spritzbeutel mit mittlerer Lochtülle füllen. Die Creme in die Eierschalen spritzen.

Ab und zu läuft die Füllung unten etwas heraus. Um das zu vermeiden, halte ich den Spritzbeutel ein wenig schräg.

4 Zum Schluss das Lemon Curd in einen Spritzbeutel mit Lochtülle (ca. 7–8 mm) füllen und einen Klecks mittig auf die Cheesecakemasse setzen.

Lust auf ein hartgekochtes Ei? Mit dem Shortbread-Löffel kann man prima die Füllung auslöffeln!

RHABARBER-TARTE MIT RICOTTA, INGWER UND KARDAMON

180 g Mehl
50 g gemahlene Mandeln
50 g Puderzucker
1 Pck. Vanillezucker
100 g kalte Butter
1 Ei

250 g Ricotta
150 g Mascarpone
100 g Sahne
3 EL Zucker
1 Ei
Mark von 1 Vanilleschote
$\frac{1}{2}$ TL geriebener Ingwer
1 Msp. gemahlener Kardamom

5–6 Stangen Rhabarber

1   Mehl mit Mandeln und Puderzucker, Vanillezucker, Butter und Ei zu einem glatten Mürbteig verarbeiten. In Frischhaltefolie wickeln und im Kühlschrank mindestens 1 Stunde kühlen.

2   Teig auf einer bemehlten Arbeitsfläche ausrollen und eine gefettete Tarteform damit belegen. Im vorgeheizten Backofen bei 180 Grad 10 Minuten blind backen.

3   Ricotta mit Mascarpone, Sahne, Zucker, Ei, dem Mark der Vanilleschote, Ingwer und Kardamom cremig rühren. Auf dem Tarteboden verteilen.

4   Rhabarber schälen, in Stücke schneiden und auf der Creme verteilen. Weitere 25–30 Minuten im Backofen backen. Abkühlen lassen.

für eine Springform von 16–20 cm Durchmesser

KAROTTEN-ANANAS-TORTE

200 g Karotten
150 g frische Ananas
180 g Butter
120 g Zucker
4 Eier
250 g Mehl
1 TL Backpulver
1 TL Zimt

200 g Mascarpone
2 EL flüssiger Honig
1 Prise Zimt
300 g Sahne
1 Pck. Vanillezucker

Mandelblättchen

1   Karotten fein reiben. Ananas klein würfeln. Butter mit Zucker cremig rühren. Eier zugeben und weiter aufschlagen. Mehl mit Backpulver und Zimt mischen und unter die Eimasse rühren. Karotten und Ananas unterheben.

2   Eine Springform ausfetten und den Teig einfüllen. Im vorgeheizten Backofen bei 180 Grad ca. 50–60 Minuten backen. Mit dem Holzstäbchen testen, ob der Teig durchgebacken ist.

3   Mascarpone mit Honig und Zimt cremig rühren. Sahne mit Vanillezucker steif schlagen und unter die Masse heben.

4   Tortenboden zweimal waagrecht teilen. Die Hälfte der Creme auf den Böden verteilen. Die Böden aufeinandersetzen und mit dem Rest der Creme die Torte bestreichen.

5   Mandelblättchen in einer Pfanne ohne Fett goldgelb rösten. Kurz abkühlen lassen und die Seite der Torte damit verzieren.

RHABARBER-JOGHURTKUCHEN

150 g Rhabarber
230 g Butter
170 g Zucker
1 Pck. Vanillezucker
4 Eier
1 EL Saft einer Bio-Zitrone
1 TL Abrieb einer Bio-Zitrone
180 g Mehl
100 g gemahlene Mandeln
1 TL Backpulver
100 g griechischer Joghurt

1 Eiweiß
220 g Puderzucker
1 EL Zitronensaft

Macarons und Flieder

1   Rhabarber schälen und in ca. 1 cm große Stücke schneiden. Butter mit Zucker und Vanillezucker schaumig rühren. Eier zugeben und cremig schlagen. Zitronensaft und -abrieb zufügen. Mehl mit Mandeln und Backpulver mischen und ebenfalls untermengen. Joghurt und Rhabarberstückchen unterrühren.

2   Eine Backform einfetten und den Teig einfüllen. Im vorgeheizten Backofen bei 180 Grad ca. 60 Minuten backen. Mit einem Holzstäbchen testen, ob der Teig durchgebacken ist. Abkühlen lassen.

3   Aus dem Eiweiß, dem Puderzucker und dem Zitronensaft einen Guss anrühren und über den Kuchen gießen.

4   Mit Macarons und Flieder verzieren.

ERDBEER-HOLUNDERBLÜTEN-TIRAMISUTORTE

3 Eier (zimmerwarm)
60 g Zucker
Mark von 1/2 Vanilleschote
90 g Mehl
1 TL Backpulver

200 g Sahne
50 g Zucker
200 g Mascarpone
Mark von 1 Vanilleschote
2 EL Holunderblütensirup

500 g Erdbeeren

200 g Löffelbiskuits
frisch gepresster Orangensaft
    aus 1 Orange

1 Eier trennen. Eiweiß steif schlagen. Eigelb mit Zucker und dem Mark der Vanille-schote cremig rühren. Mehl mit Backpulver mischen und über die Eigelbmasse sieben. Die Masse gut verrühren. Zum Schluss das Eiweiß unterheben.

2 Eine Springform ausfetten und mit dem Teig befüllen. Bei 180 Grad im vorgeheiz-ten Backofen bei ca. 30–35 Minuten backen. Mit einem Holzstäbchen testen, ob der Teig durch ist.

3 Sahne mit Zucker steif schlagen. Mascarpone mit dem Mark der Vanilleschote und dem Sirup cremig rühren. Sahne unterheben.

4 Erdbeeren vom Grün befreien und in Scheiben schneiden.

5 Die Hälfte der Löffelbiskuits mit der gezuckerten Seite in den Orangensaft tunken.

6 Um den abgekühlten Boden einen Tortenring legen. Ein Drittel der Sahnecreme darauf verteilen. Die Hälfte der Erdbeeren darauf legen und ein weiteres Drittel Creme aufstreichen. Die in Orangensaft getunkten Biskuits auf der Creme verteilen und das letzte Drittel Creme auf und um die Torte streichen.

7 Im Kühlschrank ca. 2 Stunden kühlstellen und danach den Tortenring abnehmen. Mit den restlichen Erdbeeren belegen und den Rand mit der zweiten Hälfte Löffelbis-kuits dekorieren.

ERDBEERLIMONADE

300 g Erdbeeren
3 EL Puderzucker
1 große Limette
300 ml sprudeliges
    Mineralwasser
6 EL Rhabarbersirup
    (siehe Seite 59)

1 Bio-Limette
2–3 Erdbeeren
Minze

1 Erdbeeren mit dem Puderzucker pürieren. Limette auspressen und den Saft zu den Erdbeeren gießen. Püree mit Mineralwasser auffüllen und mit Rhabarbersirup süßen.

2 Bio-Limette heiß abspülen und in kleine Scheiben schneiden. Erdbeeren waschen und ebenfalls zerkleinern. Zusammen mit ein paar Blättchen Minze in die Limo geben.

Man kann den Sirup auch weglassen und stattdessen die Limo mit einem Päckchen Bourbon-Vanillezucker süßen.

 für eine Backform mit den Maßen 20 x 20 cm oder eine Springform von 20–24 cm Durchmesser

VANILLE-TRES-LECHES-KUCHEN MIT ERDBEEREN

6 Eier (Zimmertemperatur)
1 Prise Salz
150 g Zucker
120 g weiche Butter
Mark von 1 Vanilleschote
300 g Mehl
1 TL Backpulver

80 ml Milch
80 ml gezuckerte
   Kondensmilch
70 ml Kondensmilch (8 %)

300 g Sahne
1 Pck. Vanillezucker
350 g Erdbeeren

1   Eier trennen. Eiweiß mit Salz steif schlagen. Eigelb mit Zucker schaumig rühren. Butter und Mark der Vanilleschote zugeben und cremig schlagen. Mehl mit Backpulver mischen und über die Buttercreme sieben. Die Masse gut verrühren. Eiweiß unterheben und den Teig auf ein eingefettetes Backblech bzw. Springform streichen.

2   Im vorgeheizten Backofen ca. 25–30 Minuten backen. Mit dem Holzstäbchen testen, ob der Teig durchgebacken ist. Leicht abkühlen lassen, Frischhaltefolie um die Form wickeln und den Kuchen vollständig auskühlen lassen. Kuchen mehrmals mit einer Gabel einstechen.

3   Milch, gezuckerte Kondensmilch und Kondensmilch in eine Schüssel geben und mit dem elektrischen Handrührgerät einige Minuten aufschlagen. Milchmischung gleichmäßig über den Kuchen gießen. Kuchen wieder mit Frischhaltefolie bedecken und mindestens 3 Stunden (oder über Nacht) in den Kühlschrank stellen, bis er kalt geworden ist und die Milch völlig aufgesogen hat.

4   Sahne mit Vanillezucker steif schlagen und auf dem Kuchen verteilen. Erdbeeren waschen, in Scheiben schneiden und den Kuchen damit belegen.

für ein Backblech mit den Maßen 23 x 29 cm

EIERLIKÖR-MANDELKUCHEN

250 g Butter
150 g Zucker
Mark von 1 Vanilleschote
5 Eier
250 g Mehl
1 TL Backpulver
100 g gemahlene Mandeln
130 ml Eierlikör
50 ml Milch

Puderzucker
evtl. Zuckerguss und
   Zuckerstreusel

1   Butter mit Zucker und dem Mark der Vanilleschote schaumig schlagen. Eier zufügen und cremig rühren. Mehl mit Backpulver und Mandeln mischen und unterrühren. Eierlikör und Milch zugeben.

2   Ein Backblech einfetten und mit der Masse bestreichen. Bei 180 Grad im vorgeheizten Backofen ca. 30 Minuten backen. Mit dem Holzstäbchen testen, ob der Teig durchgebacken ist. Abkühlen lassen.

Schön sehen auch runde Kuchenstücke aus. Nach dem Abkühlen habe ich sie mit einem Patisseriering ausgestochen.

Puderzucker gibt mit der Gebäckschablone ein hübsches Blumenmuster.

Wer möchte, rührt einen Zuckerguss aus 100 g Puderzucker mit 1-2 EL Milch oder Zitronensaft an und bestreicht damit die Kuchenränder. Anschließend einfach in Zuckerstreuseln wälzen.

für mindestens 4 Personen

HOLUNDERBLÜTEN-LIMETTEN-EIS MIT CRÉME FRAÎCHE

2 Bio-Limetten
300 g Crème fraîche
125 g Zucker
Mark von 1 Vanilleschote
50 ml Holunderblütensirup
300 g Sahne

MIT EISMASCHINE

Bio-Limetten heiß abspülen und von einer Limette die Schale abreiben. Beide Limetten halbieren und den Saft auspressen. Crème fraîche mit Zucker, dem Mark der Vanilleschote, Holunderblütensirup, Limettenabrieb und -saft und der Sahne glattrühren und in die Eismaschine füllen.

OHNE EISMASCHINE

Bio-Limetten heiß abspülen und von einer Limette die Schale abreiben. Beide Limetten halbieren und den Saft auspressen. Crème fraîche mit Zucker, dem Mark der Vanilleschote, Holunderblütensirup, Limettenabrieb und -saft glattrühren. Sahne steif schlagen und unter die Crème-fraîche-Mischung heben. Die Masse in eine Gefrierbox füllen und für ca. 3 Stunden gefrieren lassen. Dabei immer wieder durchrühren, damit das Eis schön cremig wird.

RHABARBER-LEMON-CURD-TORTE

TEIG
200 g Butter
120 g Zucker
1 Pck. Vanillezucker
4 Eier
280 g Mehl
1 TL Backpulver
90 ml Milch
1 TL Abrieb einer Bio-Zitrone

RHABARBERKOMPOTT
2 Blatt Gelatine
300 g Rhabarber
150 g Zucker
30 ml roter Portwein
1 TL Abrieb einer Bio-Orange
Saft von 1/2 Orange
1 Vanilleschote

FÜLLUNG
200 g Sahne
2 EL Zucker
100 g Mascarpone
1 EL Lemon Curd

FROSTING
200 g Sahne
150 g weiße Schokolade
    (hochwertig)
200 g Butter
150 g Puderzucker

1 Für den Tortenboden die Butter mit dem Zucker und dem Vanillezucker schaumig schlagen. Eier nach und nach zugeben. Mehl mit Backpulver mischen und unterheben. Milch und Zitronenabrieb ebenfalls untermengen.

2 Eine Springform ausfetten und den Teig gleichmäßig einfüllen. Im vorgeheizten Backofen bei 180 Grad 1 Stunde backen. Auskühlen lassen. Tortenboden zweimal waagrecht auseinanderschneiden.

3 Für das Kompott Gelatine einweichen. Rhabarber schälen und in 1 cm lange Stücke schneiden. In einen Topf gemeinsam mit Zucker, Portwein, Abrieb und Saft der Orange, dem ausgekratzten Mark der Vanilleschote sowie der Schote geben. Alles aufkochen lassen und bei reduzierter Hitze ca. 4 Minuten köcheln. Von der Herdplatte ziehen, ausgedrückte Gelatine einrühren und darin auflösen. Abkühlen lassen.

Wer keinen Portwein für das Kompott verwenden möchte, der ersetzt ihn ganz einfach durch Rhabarber- oder Orangensaft!

4 Inzwischen für die Füllung die Sahne mit 1 EL Zucker steif schlagen. Mascarpone mit 1 EL Zucker und dem Lemon Curd glattrühren. Sahne untermischen.

5 Um den ersten Tortenboden einen Tortenring legen. Die Hälfte des Rhabarberkompotts auf dem Teig verteilen, danach die Hälfte der Lemon-Curd-Creme darüberstreichen. Anschließend den zweiten Boden darauflegen und wie den ersten Boden beschichten. Den letzten Tortenboden darauflegen. Zum Schluss mit Frosting verzieren.

Für meine Torte habe ich weißes Schokoladenfrosting verwendet.
Von der Sahne 50 ml abmessen und zusammen mit der zerbröckelten Schokolade in einen Topf geben. Langsam erhitzen und die Schokolade in der Sahne auflösen. Vollständig abkühlen lassen. Sahne steif schlagen. Butter mit Puderzucker verrühren und die Schokoladensahne dazugeben. Sahne unterheben und das Frosting auf der Torte verteilen.

 Richtig frühlingshaft sieht ein zweifarbiges Frosting aus. Dafür gebe ich ein Viertel von dem Frosting in eine andere Schüssel und färbe es mit etwas Lebensmittelpaste zartrosa. Zuerst streiche ich die Torte rundherum mit dem ungefärbten Frosting ein und verstreiche danach einen Klecks rosa Frosting. Für die Tupfer gebe ich abwechselnd ungefärbtes und gefärbtes Frosting in einen Spritzbeutel mit Sterntülle, bis die Blüten schön dicht nebeneinander sitzen. Der Effekt ergibt sich ganz von allein.

VALENTINS
T A G

Frühlingsideen ♥ Valentinstag

AM VALENTINSTAG MACHE ICH ES MEINEM MANN UND MIR IMMER BESONDERS SCHÖN, UND SEIT VIELEN JAHREN GIBT ES GANZ SPEZIELL ETWAS LECKERES FÜR UNS BEIDE.

ZEIT FÜR ROMANTIK

MATERIAL
rosa Tonpapier
Schere
Kleber
schwarzes Tonpapier
Locher
Holzstäbchen
Acryllack
Pinsel
goldener Textmarker
kleine weiße Federn
goldene Herzaufkleber

Der Tisch soll ja nicht zu kitschig und überladen wirken, dennoch gehören für mich Herzen und Co. zum Valentinstag einfach dazu. Deshalb habe ich aus Tonpapier ein paar Herzchen ausgeschnitten. Oben in der Mitte habe ich sie noch einmal eingeschnitten und an der Schnittstelle die beiden Seiten verkreuzt. Die Herzchen sollen sich nach außen wölben, deshalb habe ich sie mit Kleber fixiert. Zwei von den Herzen habe ich in die Gabeln gesteckt, die übrigen habe ich auf dem Tisch verteilt.

Besonders schön wirkt es, wenn die gebastelten Herzen verschiedene Größen haben.

Unsere Strohhalme habe ich ebenfalls mit Herzen verziert. Dazu habe ich aus schwarzem Tonpapier zwei gleichdicke, schmale Streifen (ca. 1 cm) ausgeschnitten und mit einem Locher zwei Löcher hineingestanzt. Die Streifen habe ich dann so aneinander geklebt, dass eine Herzform entsteht. Danach habe ich die Enden gekürzt und die Papierstrohhalme durchgesteckt.

Auf den Tellern habe ich mit Keksen *(siehe Seite 155)* den Schriftzug „XOXO" passend zum Valentinstag ausgelegt.

Die Kekse verziere ich mit Fondant.

Für die weitere Dekoration habe ich Holzstäbchen mit pinkfarbenem Acryllack bepinselt und sie nach dem Trocknen mit einem goldenen Textmarker verziert. Oben habe ich kleine Federn aufgeklebt, die ich vorher ebenfalls bepinselt und bemalt habe. Um ihnen den Look eines Amor-Pfeils zu verleihen, habe ich an den Unterseiten jeweils noch einen goldenen Herzaufkleber fixiert.

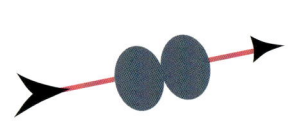

für eine Springform von 16–20 cm Durchmesser

PAVLOVA-TORTE

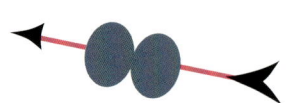

5 Eiweiß (Größe L)
1 Prise Salz
220 g Zucker
2 Pck. Vanillezucker
1 EL Speisestärke
1 TL Weißweinessig

200 g Sahne
2 EL Zucker
250 g Mascarpone
Mark von 1 Vanilleschote

1–2 Granatäpfel (500 g)

3 EL Erdbeer- oder Sauer-
kirschmarmelade

unbehandelte Rose
gemischte Beeren
Puderzucker

1   Den Backofen auf 180 Grad vorheizen. Eiweiß mit Salz steif schlagen. Zucker und Vanillezucker einrühren und noch weiter aufschlagen, bis das Eiweiß schön glänzt. Speisestärke und Essig unterrühren.

2   Alles in einen Spritzbeutel mit mittelgroßer Sterntülle füllen. Auf ein Backpapier 3 Kreise mit 15 cm Durchmesser aufzeichnen. Ggf. auf zwei Backbleche verteilen. Zwischen den Kreisen ausreichend Platz lassen, da diese noch aufgehen. Kreise mit Eiweißmasse nachspritzen. Bei einem der Kreise Sterntupfen an den Rand spritzen.

3   Den Backofen auf 100 Grad zurückdrehen und Bleche hineingeben. Die Baisers ca. 75 Minuten backen und danach weitere 10 Minuten im ausgeschalteten Ofen ruhen lassen. Die Baisers sollten trocken sein, sich leicht vom Backpapier lösen lassen und nicht mehr festkleben. Abkühlen lassen und vorsichtig vom Backpapier lösen.

4   Sahne mit Zucker steif schlagen. Mascarpone mit dem Mark der Vanilleschote verrühren. Sahne unterheben.

5   Kerne aus dem Granatapfel bzw. den -äpfeln lösen.

6   Einen Baiserboden auf eine Tortenplatte legen und mit 1 EL Marmelade bestreichen. Darauf ein Drittel der Creme verteilen und mit der Hälfte der Granatapfelkerne bestreuen. Den zweiten Boden auflegen und genauso verfahren. Den letzten Boden daraufgeben, wieder mit Marmelade bestreichen und mit der Creme abschließen. Mit einer Rose und Beeren belegen und mit Puderzucker bestreuen.

DEKO-TIPP

Ich habe ein paar Heidelbeeren und Himbeeren durch Zahnstocher gesteckt, die ich zuvor mit Lebensmittelpaste eingefärbt habe.
Für das Farbbad fülle ich heißes Wasser ca. 5–6 cm hoch in einen Becher und rühre pinke Lebensmittelpaste ein. Darin lasse ich den Zahnstocher ca. 1 Minute ziehen und lege ihn anschließend zum Trocken auf ein Küchenpapier.

Damit der Beerenspieß wie ein Pfeil aussieht, habe ich ihn zusätzlich mit Tonpapier beklebt. An einen der Holzspieße habe ich außerdem einen Herzaufkleber befestigt und die Pavlova-Torte damit verziert.

MATERIAL   Zahnstocher / Lebensmittelpaste in Pink / schwarzes Tonpapier / Herzaufkleber / Holzstäbchen

FASCHING

Frühlingsideen • Fasching

ICH PERSÖNLICH BIN ZWAR NICHT DER FAN VON ALLZU VIEL KUNTERBUNT, ABER AN
FASCHING MUSS ES DOCH FARBENFROH UND LUSTIG ZUGEHEN.

BUNT IST DIE DEVISE

MATERIAL
Konfetti aus Seidenpapier
Pailletten
Federn
Mini-Wabenbälle
Faschingsmasken aus Karton
Punktesticker

Für meinen Faschingstisch habe ich bunte Papierkonfetti aus Seidenpapier über den
Tisch verteilt, ebenso wie Pailletten, bunte Federn und Mini-Wabenbälle. Auf die Teller
habe ich Faschingsmasken aus Karton gelegt. Die Gläser habe ich mit Punktesti-
ckern, die es im Schreibwarenbedarf zu kaufen gibt, beklebt.

Zum Schlemmen dürfen Faschingskrapfen nicht fehlen. Da meine Kinder aber am
liebsten Krapfen essen, die nicht mit Marmelade gefüllt sind, sind, habe ich mir eine
andere Füllung ausgedacht *(siehe Folgeseite)*.

FASCHINGSKRAPFEN
für 6–8 Stück, je nach Größe der Ausstechform

MIT VANILLECREME UND KARAMELLSOSSE

TEIG

320 g Mehl
150 ml Milch
15 g frische Hefe
30 g Zucker
30 g Butter
2 Eigelb
1 Prise Salz
1 Pck. Vanillezucker

1 l neutrales Pflanzenöl
    zum Frittieren

FÜLLUNG

200 g Sahne
2 EL Zucker
250 g Mascarpone
Mark von 1 Vanilleschote

Karamellsoße
    (siehe Seite 34)
Puderzucker

1 Mehl in eine Schüssel sieben und darin eine kleine Mulde formen. Milch erwärmen und 4 EL davon mit der Hefe in einer Tasse glattrühren, restliche Milch beseite stellen. Hefemilch mit 1 EL Zucker in die Mulde gießen und an einem warmen Ort 10 Minuten gehen lassen.

2 Butter zerlassen und mit den Eigelben, dem Salz, den Resten von Milch und Zucker sowie dem Vanillezucker zum Teig geben und mit den Knethaken des Handrührgeräts verkneten. Alles zugedeckt an einem warmen Ort 1 Stunde gehen lassen, bis sich das Volumen des Teigs verdoppelt hat.

3 Auf einer bemehlten Arbeitsfläche den Teig 3–4 cm hoch ausrollen und Kreise mit ca. 6–7 cm Durchmesser ausstechen. Auf ein Backblech legen und mit einem Geschirrtuch bedecken. Nochmals 20 Minuten gehen lassen.

4 Öl in einem hohen Topf erhitzen.

Perfekt ist eine Temperatur von 170 Grad (siehe Seite 130).

5 Kreise vorsichtig ins Öl legen und auf beiden Seiten 3–4 Minuten ausbacken. Danach auf Küchenkrepp abtropfen lassen. In der Mitte waagrecht teilen.

6 Sahne mit Zucker steif schlagen. Mascarpone mit dem Mark der Vanilleschote cremig rühren, Sahne unterheben. Alles in einen Spritzbeutel mit großer Sterntülle füllen. Auf die unteren Hälften der Krapfen je eine Rosette spritzen und mit Karamellsoße beträufeln. Mit dem Deckel belegen und mit Puderzucker bestäuben.

OSTER BRUNCH

EINE KLEINE FAMILIENTRADITION, DIE SICH BEI UNS DIE LETZTEN JAHRE EINGESTELLT HAT IST, IST DER BRUNCH AM OSTERSONNTAG. DA AN DIESEM TAG BESONDERS MEINE TÖCHTER VIEL SPASS HABEN, DECKEN WIR DEN TISCH IN IHREN LIEBLINGSFARBEN: HELL UND FREUNDLICH, MIT PASTELLTÖNEN UND VIEL GELB. GANZ WICHTIG SIND NETTE DETAILS WIE HASEN, DIE VOR ALLEM KINDERN GUT GEFALLEN.

FÜR DIE GANZE FAMILIE

MATERIAL
schwarzer Fotokarton
buntes Tonpapier
Bleistift
Schere
kleine, evtl. doppelseitige
  Aufkleber

Unsere hart gekochten und gefärbten Ostereier haben wir in Mini-Cupcakeförmchen aus Papier gesetzt und sie mit kleinen Osterhasenmasken verkleidet. Für die Masken habe ich mir vorher freihändig eine Schablone gezeichnet und auf verschiedenfarbiges Tonpapier übertragen. Danach habe ich die einzelnen Hasen ausgeschnitten und mit kleinen Aufklebern an den Eiern befestigt. Ein paar von den Masken habe ich auch für die Weckgläser verwendet, die für Kaiserschmarrn vorgesehen waren.

Das Motiv „Hasenkopf" habe ich auch für unsere Platzsets gewählt. Dafür habe ich zuerst auf schwarzem Fotokarton einen Kreis aufgezeichnet, der etwas größer ist als die Teller, die wir für den Brunch verwendet haben, und Ohren darangemalt. Die Schablone habe ich mit einer Schere ausgeschnitten und in der gewünschten Menge mit Bleistift auf Fotokarton übertragen und ausgeschnitten. Bei den Hasenköpfen für die Glasuntersetzer bin ich genauso vorgegangen.

Zum Schluss habe ich in der Mitte des Tischs kleine Mini-Cupcakeförmchen aus Papier verteilt und darin Kresse und kurz abgeschnittene Tulpen dekoriert. Auch eine Vase mit Tulpen und Palmkätzchen steht auf dem Tisch. An den kleinen Zweigen hängen selbstgebackene Ostereier-Kekse, die ich mit buntem Royal Icing *(siehe Seite 40)* verziert habe.

RHABARBER-ERDBEER-JOGHURTFLUFF MIT KARAMELL

PÜREE
170 g Erdbeeren
300 g rotschaliger Rhabarber
1 cm frischer Ingwer
1 Pck. Bourbon-Vanillezucker
50 g Zucker
1 EL Wasser

KARAMELLSOSSE
100 g Zucker
25 g Butter
200 g Sahne

FLUFF
300 g Sahne
600 g griechischer Joghurt

Erdbeeren zum Garnieren

1 Erdbeeren waschen und vierteln. Rhabarber schälen und in 4 cm lange Stücke schneiden. Ingwer fein reiben. Rhabarber und Ingwer zusammen mit Vanillezucker, Zucker und Wasser in eine Pfanne geben. Alles aufkochen lassen und solange köcheln, bis der Rhabarber weich ist und alles sirupartig eingekocht ist. Die Erdbeeren noch 1 Minute mitköcheln lassen. Abkühlen lassen und pürieren.

2 Für die Karamellsoße einen Topf aufsetzen und den Zucker darin bei hoher Temperatur schmelzen lassen. Sobald der Zucker braun wird, den Topf von der Herdplatte ziehen und die Butter mit einem Kochlöffel einrühren. Den Topf zurück auf die Platte stellen und immerzu weiterrühren. Sahne zugießen und unter ständigem Rühren einkochen lassen, bis der Zucker vollständig aufgelöst ist und alles etwas eingekocht ist.

3 Karamell in ein Einmachglas umfüllen und abkühlen lassen.

Den Karamell stelle ich über Nacht in den Kühlschrank. Durch das Kühlen dickt er noch mehr ein. Dort hält er sich ein paar Tage.

4 Für den Fluff Sahne steif schlagen. In einer anderen Schüssel Joghurt etwas aufschlagen und Sahne unterheben. Die Creme in einen Spritzbeutel mit großer Lochtülle füllen.

Wer keinen Spritzbeutel zur Hand hat, füllt die Creme einfach mit einem Esslöffel ins Glas.

In ein hohes Glas wie folgt einschichten:
1–2 EL Creme, 1 EL Rhabarber-Erdbeer-Püree, 1–2 EL Creme, 1 EL Karamell usw., bis das Glas abgefüllt ist. Mit Erdbeeren garnieren.

MANDEL-HOLUNDERBLÜTEN-KAISERSCHMARRN MIT MARINIERTEN ERDBEEREN

200 g Erdbeeren
1 EL Zucker

4 Eier
1 Prise Salz
Mark von 1 Vanilleschote
3 EL Zucker
1 TL Abrieb einer Bio-Zitrone
140 ml Milch
160 g gesiebtes Mehl
50 g gemahlene Mandeln
1 EL Holunderblütensirup

neutrales Pflanzenöl

Puderzucker

1 Erdbeeren waschen, vierteln und in eine Schüssel füllen. Mit Zucker bestreuen und die Schüssel abdecken. Erdbeeren ziehen lassen.

2 Eier trennen. Eiweiß mit Salz steif schlagen. Eigelb mit dem Mark der Vanilleschote und Zucker cremig rühren. Abrieb der Zitrone und Milch hinzufügen und weiter cremig rühren.

3 Mehl und Mandeln mischen und mit der Eimasse vermengen, am Schluss den Holunderblütensirup zufügen. Eiweiß unterheben.

4 In einer beschichteten Pfanne etwas Öl erhitzen und 1–2 Schöpflöffel von der Eimasse in die Pfanne füllen. Bei mittlerer Hitze die untere Seite goldbraun backen. Danach den Teig vorsichtig wenden und mit Hilfe von 2 Kochlöffeln den Teig auseinanderreißen. Die Teigstücke solange in der Pfanne bewegen, bis alles durchgebacken ist. Die fertige Portion Kaiserschmarrn in eine feuerfeste Form umfüllen und im leicht vorgewärmten Backofen warmstellen. Die nächsten Portionen in der Pfanne ausbacken.

5 Mit Puderzucker bestäuben und mit Erdbeeren servieren.

Für den Brunch habe ich den Kaiserschmarrn in Wechgläser gefüllt. Die Portionen kann man auch gleich nach dem Ausbacken in die Gläser füllen und darin im Backofen wärmen. So bleiben sie bis zum Servieren schön warm.

für ca. 3 Gläser à 200 ml

ERDBEER-RHABARBERMARMELADE

500 g Rhabarber
350 g Erdbeeren
1 Orange
400 g Gelierzucker 2:1
1 Vanilleschote

1 Vom Rhabarber die äußeren Fäden abziehen und die Stauden in ca. 1 cm große Stücke schneiden. Erdbeeren putzen und das Grün entfernen, danach vierteln.

2 Den Saft der Orange auspressen und mit dem Rhabarber und den Erdbeeren in einen hohen Topf geben. Zucker, das Mark der Vanilleschote und die Schote zugeben und alles zugedeckt ca. 1 Stunde ziehen lassen.

3 Die Mischung unter Rühren langsam aufkochen und 5 Minuten kochen lassen. Dabei ständig weiterrühren. Marmelade pürieren und in Gläser füllen.

für ca. 24 Pralinen oder 12 größere Gugls

ERDBEER-PISTAZIEN-GUGL-PRALINEN

GUGLS
100 g Erdbeeren
100 g weiche Butter
50 g Zucker
Mark von ¹/₂ Vanilleschote
2 Eier
1 EL Zitronensaft
25 g gehackte Pistazien
100 g Mehl
¹/₂ TL Backpulver

ZUCKERGUSS
100 g Puderzucker
1 EL Milch
evtl. Lebensmittelpaste

1 Erdbeeren waschen und in kleine Stücke schneiden. Butter mit Zucker und dem Mark der Vanilleschote cremig rühren. Eier zugeben und weiter cremig rühren. Zitronensaft unterrühren. Pistazien, Mehl und Backpulver vermengen und untermischen.

2 Eine Miniguglform fetten und den Teig einfüllen. Bei 180 Grad im vorgeheizten Backofen ca. 20–25 Minuten backen. Mit dem Holzstäbchen testen, ob der Teig durchgebacken ist. Abkühlen lassen.

3 Aus Puderzucker und Milch einen glatten Guss anrühren, evtl. mit einem Tropfen Lebensmittelpaste einfärben und Gugls damit verzieren.

Wer will, kann den Guss weglassen und die Gugls einfach nur mit Puderzucker bestäuben.

für ca. 20–25 Stück

OSTEREIER-KEKSE

150 g Mehl
30 g Puderzucker
100 g kalte Butter
1 Pck. Vanillezucker
1 Eigelb
Abrieb einer Bio-Zitrone

1   Mehl mit Puderzucker in eine Schüssel sieben. Kalte Butter, Vanillezucker, Eigelb und Zitronenabrieb zufügen und alles zu einem glatten Mürbteig verkneten. Sollte die Masse zu klebrig werden, dann noch etwas Mehl untermengen. Alles in Frischhaltefolie wickeln und 1 Stunde im Kühlschrank ruhen lassen.

2   Auf einer bemehlten Arbeitsfläche 3 mm dünn ausrollen und Ei-Kekse ausstechen. Das Loch für die Aufhängung nicht vergessen: Mit einem Holzstäbchen ein kleines Loch ausstechen.

3   Ein Backblech mit Backpapier auslegen und die Kekse darauf verteilen. Im vorgeheizten Ofen bei 180 Grad ca. 8–10 Minuten backen. Herausnehmen und das Backpapier mit den Keksen sofort vom heißen Blech ziehen. Abkühlen lassen.

4   Mit Royal Icing verzieren.

ROYAL ICING

1 frisches Eiweiß
230 g Puderzucker
1 EL frisch gepresster
   Zitronensaft
evtl. Lebensmittelpaste

1   Eiweiß, gesiebten Puderzucker und Zitronensaft mit dem Handrührgerät zu einer cremigen Masse verrühren. Evtl. mit ein paar Tropfen Lebensmittelpaste färben.

2   In einen Spritzbeutel mit kleiner Lochtülle (1–2 mm) füllen und einen Rand auf die Kekse spritzen. Das Royal Icing auch in der Mitte auftragen und mit Hilfe eines Zahnstochers auf der ganzen Fläche verteilen.

BRIOCHE

für ca. 8 Stück, je nach Größe der Briocheformen bzw. der Kugeln

250 g Mehl
1 TL Zucker
2 EL lauwarme Milch
10 g frische Hefe

200 g flüssige Butter
2 EL Magerquark
1 Prise Salz
3 Eier

1 EL Milch
1 Eigelb

1   Einen Hefeteig herstellen. Dazu Mehl mit Zucker in eine Schüssel sieben und eine Mulde hineinformen. Milch erwärmen und Hefe in eine Tasse bröseln. Milch darüber geben und glattrühren. Die Hefemilch in die Mulde geben. Mit einem Tuch abdecken und an einem warmen Ort ca. 20 Minuten gehen lassen.

2   Danach die flüssige Butter, den Quark, das Salz und die Eier zusammen mit der Hefemischung mit den Knethaken des Handrührers zu einem glatten Teig verarbeiten. Wieder abdecken und an einem warmen Ort so lange gehen lassen, bis sich das Volumen des Teigs verdoppelt hat. Das dauert ungefähr 1 Stunde.

3   Brioche-Förmchen fetten. Den Teig auf einer leicht bemehlten Arbeitsfläche kurz durchkneten. Anschließend aus zwei Dritteln des Teigs Kugeln rollen und in die Förmchen geben. In die Mitte mit einem Kochlöffelstiel jeweils eine Vertiefung eindrücken. Das letzte Teigdrittel zu kleineren Kugeln formen. In die Vertiefungen der großen Kugeln jeweils eine kleine hineindrücken. Mit einem Küchentuch abdecken und 20 Minuten bei Zimmertemperatur gehen lassen. Danach Milch und Eigelb verquirlen und die Brioches damit bestreichen.

4   Im vorgeheizten Backofen bei 180 Grad 20 Minuten backen.

Wer keine Briocheförmchen hat, kann die geformten Kugeln auch in ein gefettetes Muffinblech setzen.

OSTER
FEIER

WENN DIE GANZE FAMILIE AN OSTERN ZU UNS ZU BESUCH KOMMT, DECKE ICH DEN TISCH FRÜHLINGSHAFT, FESTLICH UND IN HELLEN FARBEN EIN. ZU DIESER GELEGENHEIT BEREITE ICH GERN EINEN SWEETTABLE ZU, DEN ICH MIT BUNTEN WABEN-EIERN EIN BISSCHEN AUFHÜBSCHE.

OSTERN IN PASTELL

MATERIAL

schwarze Dekorfolie
Stanzer mit Ostermotiven
weißer Textmarker mit
    feiner Spitze
Geschenk- oder Bastelpapier
doppelseitiges Klebeband
Bastelkleber
ovale, schwarze Aufkleber
Backförmchen in Tulpenform
Papierschnipsel
Schere, Stift

Auf dem Tisch lege ich hellblaue Tischläufer aus. Darauf decke ich weiße Teller, die ich zum Teil mit kleinen **Osterei-Aufklebern** beklebt habe. Die Aufkleber stelle ich mit Hilfe eines Stanzers aus dem Scrapbookbedarf selbst her. Dazu benötige ich eine schwarze Dekorfolie, den Stanzer und einen weißen Textmarker. Auf die ausgestanzten Eier male ich mit dem Marker ein paar Motive, um den „Look" eines Ostereis zu betonen. Auf die gleiche Art verziere ich die Tassen und die Weckgläser für die Karottenküchlein. Hierfür verwende ich schwarze, ovalförmige Aufkleber, die ich bemale. So sehen sie wie Ostereier aus! Wer keine ovalen Aufkleber findet, schneidet einfach selbst die Form aus Dekorfolie aus.

Die Eierbecher verschönere ich mit kleinen Schleifchen, die ich aus schönem Bastel- oder Geschenkpapier bastele. Dazu erstelle ich erstmal eine Schablone in Form einer kleinen Schleife aus festerem Karton und übertrage diese dann aufs Papier. Jetzt heißt es nur noch ausschneiden, die Enden zusammenkleben und in die Mitte der Schleife längs ein kleines, schmales Stück Papier anbringen. Die fertige Schleife befestige ich mit doppelseitigem Klebeband am Eierbecher.

Die Eier in den Bechern verziere ich mit kleinen Aufklebern. Diese habe ich wieder aus Dekorfolie ausgestanzt und aufgeklebt.

Jeder Gast findet auf seinem Teller ein kleines Osternestchen. Dazu habe ich Papier-Backförmchen in Tulpenform mit Papierschnipseln ausgepolstert und sie mit Schokoladen-Ostereiern gefüllt.

Das Besteck steckt vor dem Teller in einer weißen Papiertüte, auf die ich die Umrisse eines Osterhasen geklebt habe. Auch diesen habe ich zuvor auf schwarzen Fotokarton vorgezeichnet und ausgeschnitten.

Um noch mehr Frühling auf den Tisch zu bringen, stelle ich gelbe und rote Tulpen darauf.

EIERLIKÖR–ERDBEER–TORTE

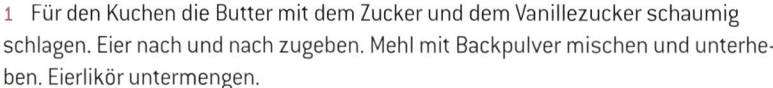

TEIG

200 g Butter
120 g Zucker
1 Pck. Vanillezucker
4 Eier
280 g Mehl
1 TL Backpulver
100 ml Eierlikör

FÜLLUNG

350 g Erdbeeren
3 EL Zucker
1 Vanilleschote
2 EL Orangensaft
2 TL Speisestärke

CREME

200 g Sahne
1 Pck. Bourbon-Vanillezucker
100 g Mascarpone
1 EL Zucker

FROSTING

100 g weiße Schokolade
150 g Erdbeeren
150 g Mascarpone
110 g Puderzucker
200 g Sahne
1 Pck. Vanillezucker

Schokoladeneier
Fondant

1 Für den Kuchen die Butter mit dem Zucker und dem Vanillezucker schaumig schlagen. Eier nach und nach zugeben. Mehl mit Backpulver mischen und unterheben. Eierlikör untermengen.

2 Im vorgeheizten Backofen bei 180 Grad ca. 1 Stunde backen. Mit dem Holzstäbchen testen, ob der Teig durchgebacken ist. Auskühlen lassen. Den Kuchen zweimal waagrecht auseinanderschneiden.

3 Für die Füllung die Erdbeeren waschen, klein schneiden und in einen kleinen Topf geben. Mit Zucker, dem Mark der Vanilleschote, der Schote und 1 EL Orangensaft aufkochen lassen.

4 Ca. 4 Minuten unter Rühren köcheln lassen. Die Speisestärke mit 1 EL Orangensaft glattrühren und unter die Erdbeeren mischen. Noch einmal kurz aufkochen lassen und sofort vom Herd ziehen. Vanilleschote entfernen. Erdbeeren abkühlen lassen und anschließend auf die untere Hälfte des ersten Tortenbodens verteilen.

5 Für die Creme die Sahne mit dem Vanillezucker steif schlagen. Mascarpone mit Zucker cremig rühren und die Sahne unterheben. Die Hälfte der Creme auf den Erdbeeren verteilen. Dann mit dem zweiten Tortenboden belegen. Restliche Erdbeeren darauf geben und mit der übrigen Creme bestreichen. Mit dem oberen Tortenboden abschließen. Im Kühlschrank ca. 4 Stunden kaltstellen.

Ggf. zum Auftragen der Erdbeeren und der Creme einen Tortenring verwenden.

6 Für das Frosting Schokolade im heißen Wasserbad schmelzen. Abkühlen lassen. Erdbeeren putzen und pürieren. Anschließend durch ein Sieb streichen und das Mark auffangen.

7 Mascarpone mit Puderzucker und Erdbeermark schön cremig rühren. Sahne mit Vanillezucker steif schlagen. Abgekühlte Schokolade mit der Mascarponecreme verrühren und zuletzt die Sahne unterheben. Torte damit verzieren.

DEKO-TIPP

Die Torte habe ich mit Schokoladeneiern und ein paar Blümchen verziert, die ich aus Fondant ausgestochen habe.

für ca. 10 Gläser à 80 ml

HIMBEERKUCHEN IM GLAS MIT WEISSER SCHOKOLADE

TEIG

150 g Himbeeren (ggf. tief-
gekühlt und aufgetaut)
120 g weiche Butter
70 g Zucker
1 Pck. Bourbon-Vanillezucker
2 Eier
200 g Mehl
1 TL Backpulver
60 g weiße Schokoraspel
evtl. etwas rosa Lebensmittelpaste

FROSTING

100 g Himbeeren
70 g Butter
150 g Puderzucker
350 g Doppelrahmfrischkäse
evtl. rosa Lebensmittelpaste

Puderzucker, Baisers, Beeren

1 Himbeeren pürieren, durch ein Sieb streichen und das Mark auffangen. Butter mit Zucker und Vanillezucker schaumig schlagen. Eier zugeben und weiter cremig rühren. Mehl mit Backpulver mischen und unter die Eimasse heben. Schokoraspel und Himbeermark unterrühren. Evtl. die Farbe mit etwas Lebensmittelpaste verstärken. Gläser dünn mit Butter auspinseln und den Teig einfüllen.

2 Im vorgeheizten Backofen bei 180 Grad 25 Minuten backen. Abkühlen lassen.

3 Für das Frosting wieder Himbeeren pürieren und durch das Sieb streichen. Butter mit Puderzucker cremig rühren. Frischkäse und Himbeermark zugeben und alles schön cremig rühren. Evtl. mit Lebensmittelpaste den Farbton verstärken.

4 Ggf. im Kühlschrank etwas fest werden lassen. In einen Spritzbeutel mit Sterntülle füllen und auf die Törtchen spritzen.

5 Mit Puderzucker bestäuben und mit Baisers und Beeren verzieren.

für 6–7 Weckgläser à 160 ml

KAROTTEN-KOKOS-KUCHEN IM GLAS

180 g weiche Butter
100 g Zucker
1 Pck. Bourbon-Vanillezucker
3 Eier
150 g Mehl
100 g gemahlene Mandeln
1 TL Backpulver
100 ml cremige Kokosmilch
1 TL fein geriebener Ingwer
1 Msp. gemahlener Kardamom
1 TL Abrieb einer Bio-Orange
150 g Karotten

Kokoschips
Mini-Schokoladen-Ostereier

1   Butter mit Zucker und Vanillezucker schaumig rühren. Eier nach und nach zugeben und cremig rühren. Mehl mit Mandeln und Backpulver mischen und unter die Eimasse heben.

2   Kokosmilch, Ingwer, Kardamom und Abrieb der Orange ebenfalls untermengen. Karotten fein reiben und zuletzt ebenfalls unter den Teig heben.

3   Weckgläser dünn mit Butter auspinseln, Teig einfüllen und alles im vorgeheizten Backofen bei 180 Grad ca. 30 Minuten backen. Abkühlen lassen.

4   Mit Kokoschips und Schokoladeneiern garnieren.

Wer die Kuchen im Glas verschenken will, sollte die Kuchen gleich nach dem Backen mit einem Weckglasdeckel dicht verschließen.

MUTTERTAG

Frühling Muttertag

love

AM MUTTERTAG DÜRFEN NATÜRLICH HÜBSCHE KUCHEN UND EIN SCHÖN GEDECKTER TISCH NICHT FEHLEN.
EIN PAAR HERZIGE DETAILS, DIE ABER NICHT ÜBERLADEN WIRKEN SOLLTEN, PASSEN DAZU SEHR GUT.

HERZIG

MATERIAL
Glitzerherzen oder Fotokarton
Stift
Schere
Bastelkleber
Glitter
Holzstäbchen
Papieranhänger
Kalligrafie-Stempel
Stempelkissen
Bakers Twine

Für das Gebäck habe ich aus Glitzerherzen kleine Topper gebastelt.
Die Herzen gibt es im Scrapbookbedarf zu kaufen, sie sind aber auch schnell selbst gemacht. Zuerst schneide bzw. stanze ich Herzen aus Fotokarton aus. Die Vorderseiten bepinsele ich dünn mit Bastelkleber und bestreue sie mit Glitter. Auf den Rückseiten fixiere ich kleine Holzstäbchen.

An die Gabeln habe ich mit Bakers Twine kleine Papieranhänger gebunden.
Auf jeden Anhänger sind passende Wörter mit schönen Kalligrafie-Stempeln gestempelt.

für ein Backblech mit den Maßen 23 x 29 cm

RHABARBER-STREUSELKUCHEN MIT KONDENSMILCH

BELAG
450 g Rhabarber
Mark von 1 Vanilleschote
85 g Erdbeersirup (ersatzweise
　　Erdbeermarmelade)

TEIG
200 g weiche Butter
120 g Zucker
1 Pck. Vanillezucker
4 Eier
100 g Kondensmilch (8 %)
200 g Mehl
100 g gemahlene Mandeln
1 TL Backpulver
$1/2$ TL gemahlener Zimt

STREUSEL
100 g Mehl
50 g gemahlene Mandeln
50 g Zucker
1 Pck. Vanillezucker
90 g kalte Butter

Sahne
Vanillezucker
Erdbeeren

1　Rhabarber schälen und in größere Stücke teilen. In einen Topf geben und zusammen mit dem Mark der Vanilleschote und dem Erdbeersirup aufkochen lassen. Solange köcheln, bis der Rhabarber weich ist. Immer wieder umrühren. Abkühlen lassen.

2　Butter mit Zucker und Vanillezucker schaumig schlagen. Eier zufügen und cremig rühren. Kondensmilch ebenfalls hinzufügen. Mehl mit Mandeln, Backpulver und Zimt mischen und unter den Teig rühren.

3　Ein Backblech einfetten und den Teig gleichmäßig einstreichen. Den abgekühlten Rhabarber darauf geben und glattstreichen.

4　Für die Streusel das Mehl mit den Mandeln in eine Schüssel geben. Zucker, Vanillezucker und Butter zugeben und das Ganze mit dem Handrührgerät zu Streuseln rühren. Auf dem Rhabarber verteilen.

5　Alles im vorgeheizten Backofen bei 180 Grad ca. 35–40 Minuten backen. Mit einem Holzstäbchen testen, ob der Kuchen schon durch ist.

6　Sahne mit Vanillezucker steif schlagen und zu dem Kuchen mit den Erdbeeren servieren.

Ich habe nach dem Abkühlen den Kuchen noch in Kreise ausgestochen. Wer möchte, kann ihn auch in Stücke schneiden.

RHABARBER &ERDBEEREN

IM MAI GEHE ICH GERN AUF DEN MARKT UND KAUFE AM OBSTSTAND FRISCHEN RHABARBER. AUCH DIE KNALLROTEN ERD-
BEEREN IN DEN SCHÄLCHEN LACHEN MICH AN. WIE GUT, DASS RHABARBER UND ERDBEEREN ZUSAMMEN SO GUT SCHMECKEN.

für 6–8 kleine Pieförmchen oder eine Pieform bzw. Springform von 20 cm Durchmesser

ERDBEER-RHABARBER-PIES

PIE-KRUSTE
250 g Mehl
1 Prise Salz
1 EL Puderzucker
150 g kalte Butter
70 ml kaltes Wasser

FÜLLUNG
250 g Erdbeeren
200 g Rhabarber
Mark von 1 Vanilleschote
2 EL Zucker
2 EL Speisestärke
1 TL Zesten von 1 Bio-Limette
2 EL Limettensaft

1 Eigelb
Milch

Puderzucker

1 Für die Pie-Kruste Mehl, Salz und Puderzucker zusammen mit der kalten Butter und dem Wasser in eine Schüssel geben und zu einem glatten Teig verkneten. Den Teig in Frischhaltefolie wickeln und ca. 1 Stunde im Kühlschrank ruhen lassen.

2 Den kalten Teig auf einer bemehlten Arbeitsfläche ca. 3 mm dünn ausrollen. Kleine Pieförmchen einfetten und mit Teig auskleiden. Etwas Teig übrig lassen, um später daraus die Gitter zu legen.

3 Erdbeeren in kleine Stücke schneiden. Rhabarber schälen und ebenfalls in kleine Stücke schneiden. Erdbeeren und Rhabarber mit dem Mark der Vanilleschote, dem Zucker, der Speisestärke, den Zesten und dem Saft der Limette vermengen. Alles gut mischen und auf dem Pieboden verteilen.

4 Aus dem übrigen Teig (ggf. nochmals ausrollen) Streifen schneiden und diese auf den Pies zu einem Gitter legen.

5 Eigelb und etwas Milch verquirlen und mit einem Pinsel auf den Pies auftragen. Im vorgeheizten Backofen bei 180 Grad ca. 25–30 Minuten backen. Die Pies sollten schön goldgelb sein!

Bei einer Pie- oder Springform erhöht sich die Backzeit auf 30–40 Minuten.

6 Mit Puderzucker bestäuben und servieren.

Dazu schmeckt eine Kugel Eiscreme sehr gut.

für mindestens 4 Personen

ERDBEER-ROSMARIN-CHEESECAKE-EIS

250 g Erdbeeren
50 g Zucker
1 Zweig Rosmarin
200 g Sahne
200 g Schmand
175 g Doppelrahmfrischkäse
Mark von 1 Vanilleschote
100 g Zucker

MIT EISMASCHINE: Erdbeeren waschen und vierteln. Mit 50 g Zucker und dem Rosmarinzweig in einen Topf geben und ca. 3 Minuten köcheln lassen. Rosmarin wieder entfernen. Abkühlen lassen.

Sahne mit Schmand, Frischkäse, dem Mark der Vanilleschote und 100 g Zucker glattrühren. Die Eismaschine in Betrieb nehmen und die Creme einfüllen. Wenn das Eis beginnt, fest zu werden, die Erdbeeren nach und nach zugeben. Abwarten, bis die Maschine fertig mit der Eisherstellung ist und die Masse gefroren ist.

OHNE EISMASCHINE: Erdbeeren waschen und vierteln. Mit 50 g Zucker und dem Rosmarinzweig in einen Topf geben und ca. 3 Minuten köcheln lassen. Rosmarin wieder entfernen. Abkühlen lassen.

Sahne mit dem Handrührgerät steif schlagen. In einer zweiten Schüssel den Schmand und den Frischkäse mit dem Mark der Vanilleschote und 100 g Zucker glattrühren. Sahne unterheben.

Erdbeeren vorsichtig unterrühren. In eine Gefrierform füllen und mindestens 3 Stunden in den Gefrierschrank stellen. Von Zeit zu Zeit vorsichtig durchrühren, damit das Eis schön cremig wird.

🍓🍓🍓🍓🍓🍓 für 6 Eis am Stiel

ERDBEER-RHABARBER-JOGHURTEIS AM STIEL

200 g griechischer Joghurt
1 EL Honig
350 g Erdbeeren
30 g Zucker
Saft von 1/2 Limette
5 EL Rhabarbersirup
   (siehe Seite 59)

ggf. weiße Schokolade
Zuckerstreusel

1 Joghurt mit Honig verrühren. Erdbeeren putzen, vierteln und mit dem Zucker pürieren. Limettensaft und Sirup hinzufügen. Alle Zutaten verrühren und in Eisformen füllen.

2 Holzstäbchen hineinstecken und im Gefrierschrank mindestens 4 Stunden (idealerweise über Nacht) fest werden lassen.

3 Vor dem Servieren rechtzeitig aus dem Gefrierschrank nehmen. Aus den Formen lösen.

Wer das Eis verzieren möchte, kann weiße oder dunkle Schokolade im Wasserbad schmelzen. Danach die Schokolade unbedingt auf Raumtemperatur abkühlen lassen. Eis hineintauchen, die Schokolade trocknet nach wenigen Sekunden. Ggf. noch mit Zuckerstreusel garnieren.

LIMETTENKEKSE

für mindestens 30 Kekse

Abrieb einer Bio-Limette
200 g Mehl
100 g kalte Butter
70 g Puderzucker
Mark von ¹/₂ Vanilleschote
2 EL Limettensaft
1 Prise Salz

1 Limette heiß abspülen und die Schale abreiben. Mehl mit kalter Butter, Puderzucker, dem Mark der Vanilleschote, Abrieb und Saft der Limette und Salz zu einem glatten Mürbteig verkneten. Mindestens 1 Stunde im Kühlschrank ruhen lassen.

2 Den Teig auf einer bemehlten Arbeitsfläche 3 mm dünn ausrollen und Wolken bzw. Tropfen oder eine andere beliebige Form ausstechen.

3 Ein Backblech mit Backpapier auslegen und die Kekse darauf verteilen. Im vorgeheizten Ofen bei 180 Grad ca. 10 Minuten backen. Sobald die Plätzchen unten ganz leicht braun werden, aus dem Ofen nehmen und das Backpapier sofort vom Blech ziehen.

4 Kekse erkalten lassen und ggf. mit Royal Icing *(siehe Seite 40)* verzieren.

RHABARBERSIRUP für ca. 700 ml

600 g rotschaliger Rhabarber
200 g Zucker
1 Vanilleschote
600 ml Wasser

1 Rhabarber waschen und in Stücke schneiden. Zusammen mit Zucker, dem Mark der Vanilleschote samt Schote und Wasser aufkochen. Ca. 15 Minuten köcheln lassen, bis der Sirup ein wenig reduziert ist.

2 Durch ein Sieb abgießen und den Sirup auffangen. Dabei mit einer Gabel den Rhabarber durch das Sieb auspressen. In eine verschließbare Flasche umfüllen.

Der Sirup hält sich im Kühlschrank einige Tage.

Aperitif: Den Rand eines Glases mit Limettensaft benetzen und in Zuckerstreusel tauchen. Einen kleinen Schuss Sirup hineingeben und mit Prosecco aufgießen.

Schön sehen als Einlage Erdbeeren aus. Mit kleinen Plätzchenausstechern lassen sich daraus Herzen und Kreise ausstechen.

FRÜHLINGS
FEST

Frühlingsideen // Frühlingsfest

KIRSCHBLÜTENZEIT

MATERIAL

Tonpapier und Fotokarton
  in verschiedenen Rosatönen
  und in Weiß
Blütenstanzer
Schere
Seidenpapier in Rosa
weißes Schreibpapier
Lineal
Bleistift
Zweige
Bastelkleber

Aus Tonpapier und Fotokarton habe ich Blüten ausgestanzt bzw. aufgemalt und ausgeschnitten. Auf Seidenpapier, leichtem Tonpapier sowie ganz normalem weißen Schreibpapier habe ich Quadrate in verschiedenen Größen zwischen 4–6 cm ausgeschnitten und daraus Origami-Kirschblüten gefaltet. Das ist ein bisschen aufwendig, lohnt sich aber! *(Die Anleitung dazu findet man im Internet z. B. unter http://en.origami-club.com/flowers/sakura2/anime-sakura/index.html.)* Die fertigen Blüten habe ich mit Bastelkleber an kleine Zweige geklebt.

In sehr gut sortierten Origamiladen oder Geschäften für Scrapbook-bedarf gibt es auch vorgestanzte Blüten zu kaufen.

Unsere Frühlingstafel habe ich mit einer mintfarbenen Tischdecke und rosafarbenen Kuchentellern gedeckt. Als Platzteller dienen größere Essteller, die ebenfalls mint-farben sind. Neben jede Gabel habe ich ein Zweiglein mit Origamiblüten gelegt. Die ausgestanzten Blüten sind kunterbunt um die Teller herum gestreut. Nun fehlen nur noch die Leckereien aus der Küche.

für eine Springform von 16–20 cm Durchmesser

NO-BAKE-ERDBEER-CHEESECAKE

BODEN
100 g Butterkekse
50 g flüssige Butter
1 EL Puderzucker

FÜLLUNG
4 Blatt Gelatine
400 g Erdbeeren
1 EL Zitronensaft
120 g Zucker
175 g Doppelrahmfrischkäse
250 g Mascarpone
Mark von 1 Vanilleschote
1 TL Abrieb einer Bio-Zitrone
200 g Sahne

Erdbeeren und Baisers

1 Butterkekse in einen Gefrierbeutel füllen, diesen fest verschließen und mit einem Nudelholz die Kekse zu feinen Bröseln verarbeiten. Butter in einem kleinen Topf zerlassen und mit den Bröseln und Puderzucker verrühren.

2 Den Boden einer Springform mit Backpapier auslegen. Falls die Springform nicht sehr hoch ist, kann man innen zusätzlich einen Tortenring auslegen. Keks-Buttermischung auf den Boden streuen und mit einem Löffel fest andrücken. In den Kühlschrank stellen.

3 Gelatine in kaltem Wasser 10 Minuten einweichen. Erdbeeren waschen. Die Hälfte davon vierteln und in ein hohes Gefäß geben. Mit dem Zitronensaft und 2 EL Zucker pürieren. Die andere Hälfte der Erdbeeren halbieren und beiseite stellen.

4 Frischkäse mit Mascarpone, dem Mark der Vanilleschote und dem Zitronenabrieb cremig rühren. Sahne mit dem restlichen Zucker steif schlagen und unter die Creme heben. Danach das Erdbeerpüree untermischen.

5 Gelatine ausdrücken und in einem kleinen Topf erwärmen, bis sie flüssig ist. Unter ständigem Rühren langsam in die Erdbeercreme einfließen lassen und alles gut vermischen. Gut weiterrühren und nun relativ zügig arbeiten, damit keine Klümpchen entstehen.

6 Die beiseite gestellten Erdbeeren ganz an den Rand der Springform mit der Schnittfläche nach außen anordnen. Vorsichtig die Erdbeercreme einfüllen und glattstreichen. Mindestens 4 Stunden in den Kühlschrank stellen, am besten über Nacht.

7 Vor dem Servieren den Springformrand – ggf. auch den Tortenring – vorsichtig entfernen. Mit Erdbeeren und Baisers belegen.

Bei einer kleineren Springform – oder wenn man auf den Tortenring verzichtet – kann es passieren, dass ein bisschen Creme übrig bleibt. Diese kann man in einen Spritzbeutel mit Sterntülle füllen. In einem Wechglas ein paar Brösel Butterkekse einfüllen, Erdbeerviertel darauflegen und die Creme aufspritzen. Ebenfalls kühlstellen.

63

ERDBEER-VANILLE-MILCHSHAKE-KUCHEN

ERDBEERBODEN

200 g Erdbeeren
90 ml Milch
175 g weiche Butter
1 Pck. Vanillezucker
110 g Zucker
3 Eier
280 g Mehl
1 TL Backpulver
evtl. rosa Lebensmittelpaste

VANILLEBODEN

175 g weiche Butter
Mark von 1 Vanilleschote
110 g Zucker
3 Eier
250 g Mehl
1 TL Backpulver
90 ml Milch

FROSTING

400 g Sahne
1 Pck. Vanillezucker
175 g Doppelrahmfrischkäse
2 EL Zucker

dunkle Kuvertüre
Erdbeeren

1 Für den Erdbeerboden die Erdbeeren waschen und vierteln, in ein hohes Gefäß füllen und mit der Milch pürieren. Butter mit Vanillezucker und Zucker schaumig rühren. Eier nach und nach zugeben. Mehl mit Backpulver mischen und unter die Eimasse heben. Erdbeermilch zugeben und evtl. die Farbe mit ein bisschen Lebensmittelpaste intensivieren. *Beim Backen verlieren die Erdbeeren an Farbe. Mit ein wenig Lebensmittelpaste kann man dem zarten Rosaton des Teigs wieder auf die Sprünge helfen.*

2 Den Teig in eine gefettete Kastenform füllen und glattstreichen. Im vorgeheizten Backofen bei 180 Grad ca. 45 Minuten backen. Mit einem Holzstäbchen testen, ob der Teig durch ist. Abkühlen lassen.

3 Für den Vanilleboden Butter mit dem Mark der Vanilleschote und Zucker schaumig schlagen. Eier nach und nach zugeben und cremig rühren. Mehl mit Backpulver mischen und unter die Eimasse rühren. Zum Schluss die Milch unterrühren.

4 Den Teig in eine gefettete Kastenform füllen und glattstreichen. Im vorgeheizten Backofen bei 180 Grad ca. 45 Minuten backen. Wieder den Stäbchentest machen. Abkühlen lassen.

5 Die Kuchenböden jeweils einmal waagrecht durchschneiden. *Beim Backen wölbt sich der obere Kuchenrand. Damit der Kuchen schön in Form kommt, kann man den Rand mit einem Messer abschneiden und begradigen.*

6 Für das Frosting Sahne mit Vanillezucker steif schlagen. Frischkäse mit Zucker cremig rühren. Sahne unterheben.

7 Nun werden die Böden mit der Creme bestrichen und aufeinandergeschichtet. Dazu 2–3 EL des Frostings auf einem Erdbeerboden verteilen und glattstreichen. Darauf einen Vanilleboden legen. Wieder 2–3 EL Frosting auf den Boden streichen. Dann mit dem zweiten Erdbeerboden belegen, wieder 2–3 EL Frosting daraufgeben und mit dem zweiten Vanilleboden abschließen. Ggf. die Seiten und die Enden der Kuchen begradigen. Mit dem übrigen Frosting ringsum einstreichen und mindestens 3 Stunden kühlstellen.

8 Vor dem Servieren mit der im Wasserbad geschmolzenen Kuvertüre überziehen und mit halbierten Erdbeeren verzieren.

Den Kuchen kann man genauso gut in einer Springform von 16–20 cm Durchmesser backen! Hier entfällt das Begradigen an den Seiten.

für 10–12 Stück, je nach Größe der Papierförmchen

HOLUNDERBLÜTEN-ZITRONEN-CUPCAKES

TEIG

150 g weiche Butter
1 Pck. Vanillezucker
100 g Zucker
3 Eier
70 g Mehl
100 g gemahlene Mandeln
1 TL Backpulver
Abrieb einer Bio-Zitrone
1 EL Zitronensaft
2 EL Holunderblütensirup

FROSTING

175 g Doppelrahmfrischkäse
150 g Butter (Raumtemperatur)
90 g Puderzucker
1 Pck. Vanillezucker
2 EL Zitronensaft

Bio-Zitronenscheiben
Schleierkraut

1   Für den Teig Butter mit Vanillezucker und Zucker cremig rühren. Eier dazugeben und weiter cremig rühren. Mehl mit Mandeln und Backpulver mischen und unter die Eimasse mengen. Zitronenabrieb, Zitronensaft und Sirup untermischen.

2   Ein Muffinblech mit Papierförmchen auslegen und den Teig hineinfüllen.

3   Im vorgeheizten Backofen bei 180 Grad ca. 20–25 Minuten backen. Mit dem Holz- stäbchen testen, ob der Teig durchgebacken ist. Abkühlen lassen.

4   Für das Frosting Frischkäse mit Butter, Puderzucker, Vanillezucker und Zitronen- saft cremig rühren.

5   In einen Spritzbeutel mit großer Lochtülle füllen und auf jeden Cupcake einen großen Klecks spritzen.

6   Mit Zitronenscheiben und Schleierkraut verzieren.

SOMMER
IDEEN

HEIDELBEERTORTE MIT ZITRONE UND KARDAMOM

120 g Butter
100 g Zucker
1 Pck. Vanillezucker
3 Eier
130 g Mehl
50 g gemahlene Mandeln
1 TL Backpulver
1 Msp. gemahlener Kardamom
3 EL Milch
1 TL Zesten von 1 Bio-Zitrone
200 g Heidelbeeren

400 g Sahne
3 EL Zucker
250 g Mascarpone
Mark von 1 Vanilleschote
3 EL Zitronensaft

200–250 g Heidelbeeren
   (je nach Durchmesser
   der Torte)
2 Pck. Mikadostäbchen
   mit weißer Schokolade

1   Butter mit Zucker und Vanillezucker schaumig schlagen. Eier zufügen und cremig rühren. Mehl mit Mandeln, Backpulver und Kardamom mischen und unter den Teig heben. Milch und Zitronenzesten unterrühren. Zum Schluss die Heidelbeeren unterheben.

2   Den Teig in eine gefettete Springform füllen und bei 180 Grad ca. 50–60 Minuten backen. Mit dem Holzstäbchen testen, ob der Teig durchgebacken ist.

3   Auskühlen lassen und den Boden zweimal waagrecht auseinanderschneiden.

4   Um den unteren Tortenboden einen Tortenring legen.

5   Sahne mit 2 EL Zucker steif schlagen. Mascarpone mit dem Mark der Vanilleschote, dem Zitronensaft und 1 EL Zucker glattrühren. Sahne unterheben.

6   Ein Drittel der Creme auf den unteren Tortenboden geben und verstreichen. Den zweiten Tortenboden darauflegen und mit dem zweiten Drittel der Creme bedecken. Mit dem letzten Boden abschließen und für mindestens 2 Stunden gemeinsam mit der übrigen Creme im Kühlschrank kaltstellen.

7   Vor dem Servieren das letzte Drittel Creme auf der Torte und am Rand verteilen und glattstreichen.

8   Die Torte mit Heidelbeeren belegen und den Rand mit den Mikadostäbchen verzieren.

Falls die Mikadostäbchen zu lang sind, muss man sie ein wenig kürzen.

BROMBEER-PANNA-COTTA-TARTE MIT PECANNUSSKRUSTE

TEIG
50 g Pecannüsse
180 g Mehl
50 g Puderzucker
100 g Butter
1 Ei

FÜLLUNG
5 Blatt Gelatine
400 g Sahne
250 g Mascarpone
1 Vanilleschote
100 g Zucker

300–500 g Brombeeren
*(die Menge richtet sich nach
der verwendeten Form)*
1 Pck. Tortenguss klar

Für dieses Rezept verwende ich gern meine längliche Tarteform. Dafür reicht mir die Hälfte der angegebenen Menge der Füllung aus. Die übrige Creme fülle ich in Weckgläser und tische sie abends als Dessert auf!

Wer keine Pecannüsse bekommt, nimmt einfach Walnüsse, Haselnüsse oder Mandeln. Statt Brombeeren eignen sich z. B. auch Himbeeren, Erdbeeren oder Heidelbeeren.

1 Für den Teig Pecannüsse mahlen. Mehl mit den Nüssen und dem Puderzucker in eine Schüssel sieben. Butter und Ei zugeben und alles zu einem glatten Mürbteig verkneten. Den Teig in Frischhaltefolie wickeln und im Kühlschrank ca. 1 Stunde kaltstellen.

Ich mahle meine Pecannüsse immer in einer alten Kaffeemühle.

2 Teig auf einer bemehlten Arbeitsfläche ausrollen und damit eine gefettete Tarteform auskleiden. Bei 180 Grad ca. 15–18 Minuten blindbacken. Abkühlen lassen.

Während des Backens immer wieder den Boden kontrollieren, ob er bereits durch ist. Die Ränder sollten nicht zu braun werden!

3 Für die Füllung Gelatine einweichen. Sahne in einen Topf gießen und den Mascarpone mit einem Schneebesen einrühren, bis alles eine glatte Masse ergibt. Vanilleschote ausschaben und das Mark mit der Schote untermengen. Den Zucker einstreuen. Alles unter Rühren aufkochen lassen und ca. 4 Minuten köcheln lassen. Vom Herd ziehen und die ausgedrückte Gelatine in der Sahne unter Rühren auflösen und Schote wieder entfernen. Ein wenig abkühlen lassen und danach auf den erkalteten Tarteboden gießen.

4 Im Kühlschrank für ca. 3 Stunden oder über Nacht kühlen.

5 Brombeeren auf der Tarte verteilen und nach Belieben mit Tortenguss begießen.

GEWÜRZTE BEERENTÖRTCHEN MIT MASCARPONEFROSTING

für 12 Stück

TEIG

100 g weiche Butter
120 g Zucker
Mark von $1/2$ Vanilleschote
2 Eier
275 g Mehl
1 TL Backpulver
120 g Brombeeren

FÜLLUNG

100 g gemischte Beeren
    (Brombeeren, Himbeeren,
    Heidelbeeren)
3 EL Zucker
1 EL Wasser
$1/2$ Vanilleschote
2 Kardamomkapseln
1 Zimtstange

FROSTING

175 g Doppelrahmfrischkäse
150 g Butter (Raumtemperatur)
90 g Puderzucker
1 Pck. Vanillezucker
2 EL Limettensaft
    (frisch gepresst)

frische Beeren

1 Butter mit Zucker und dem Mark der Vanilleschote schaumig schlagen. Eier zufügen und weiter cremig rühren. Mehl mit Backpulver mischen und unter den Teig mengen. Brombeeren etwas zerdrücken und unterheben.

2 Ein Muffinblech mit Papierförmchen auslegen und den Teig einfüllen. Im vorge-heizten Backofen bei 180 Grad ca. 20–25 Minuten backen. Mit dem Holzstäbchen testen, ob der Teig durchgebacken ist.

3 Abkühlen lassen.

4 Beeren mit Zucker, Wasser, dem Mark der Vanilleschote samt Schote sowie ange-drückte Kardamomkapseln und Zimtstange in einen kleinen Topf geben. Aufkochen lassen und 5 Minuten einkochen lassen. Immer wieder umrühren.

5 Vanilleschote, Kardamom und Zimt entfernen und abkühlen lassen.

6 Frischkäse mit Butter, Puderzucker, Vanillezucker und Limettensaft cremig rühren. Die Masse in einen Spritzbeutel mit großer Lochtülle füllen und auf jedes Törtchen einen großen Klecks spritzen.

7 Mit einem Teelöffel eine kleine Mulde in das Frosting drücken. Eingekochte Beeren hineinfüllen und mit frischen Beeren verzieren.

BEEREN-ROSMARIN-GALETTES

für mindestens 8 Galettes

250 g Mehl
1 Prise Salz
1 EL Puderzucker
150 g kalte Butter
70 ml kaltes Wasser

500 gemischte Beeren
1 Zweig Rosmarin
2 EL Zucker

1 Pck. Vanillezucker
2 EL Pinienkerne

1 Ei
1 EL Milch

Puderzucker

1 Mehl, Salz und Puderzucker zusammen mit der kalten Butter und dem Wasser in eine Schüssel geben und zu einem glatten Teig verkneten. Den Teig in Frischhaltefolie wickeln und ca. 1 Stunde im Kühlschrank ruhen lassen.

2 300 g Beeren mit Rosmarin und Zucker in einem kleinen Topf aufkochen. Ca. 3 Minuten köcheln. Rosmarinzweig entfernen und alles abkühlen lassen.

3 Die übrigen 200 g Beeren mit Vanillezucker mischen und durchziehen lassen.

4 Den Teig aus dem Kühlschrank nehmen und auf einer bemehlten Arbeitsfläche ca. 3 mm dünn ausrollen. Mindestens 8 Kreise mit 15 cm Durchmesser ausstechen.

5 Jeweils in die Mitte der Kreise 1 EL eingekochte Beeren geben, frische Beeren daraufsetzen und mit Pinienkernen bestreuen.

6 Ei mit Milch verquirlen. Die Ränder der Galettes einklappen und diese mit der Eimischung einpinseln. Im vorgeheizten Backofen bei 180 Grad 30 Minuten backen.

7 Abkühlen lassen und mit Puderzucker bestreut servieren.

APFEL-FINANCIERS MIT LAVENDEL

für ca. 12 Stück

50 g weiße Schokolade
130 g Butter
70 g Zucker
2 Eier
Mark von ¹/₂ Vanilleschote
100 g Mehl
50 g gemahlene Mandeln
1 TL Backpulver
¹/₂ –1 TL Lavendelblüten

6 Klar- bzw. Frühäpfel

200 g Sahne
1 Pck. Vanillezucker
Lavendelblüten

1   Schokolade im heißen Wasserbad schmelzen und auf Raumtemperatur abkühlen lassen.

2   In der Zwischenzeit die Butter mit Zucker schaumig schlagen. Eier und das Mark der Vanilleschote zugeben und cremig rühren. Mehl mit Mandeln und Backpulver mischen und zusammen mit den Lavendelblüten untermengen. Financierbackformen ausfetten und die Masse einfüllen.

Wer keine Financierbackformen hat, verwendet einfach Muffinformen.

3   Die Äpfel schälen, halbieren und vom Kerngehäuse befreien. Von oben mit dem Messer feine Streifen einritzen, dabei aufpassen, dass der Apfel nicht ganz durchschnitten wird.

Die Financiers kann man auch mit 2 bis 3 „normalen" Äpfeln backen. Damit sie von der Größe her passen, sollte man sie vorher vierteln.

4   Bei 180 Grad ca. 20–25 Minuten backen. Abkühlen lassen. Sahne mit Vanillezucker steif schlagen und gemeinsam mit Lavendelblüten zu den Financiers reichen.

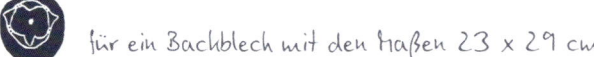 *für ein Backblech mit den Maßen 23 x 29 cm*

GEEISTE HIMBEER-HEIDELBEER-CHEESECAKE-SCHNITTEN

200 g Butterkekse
2 EL Puderzucker
70 g Butter

125 g frische Himbeeren
100 g frische Heidelbeeren
50 g Puderzucker
400 g Sahne
90 g Zucker
250 g Doppelrahmfrischkäse
250 g Mascarpone
Mark von 1 Vanilleschote

1 Ein Backblech mit Backpapier auslegen und bis zum Gebrauch ins Gefrierfach legen.

Das Backpapier haftet besser, wenn man das Blech vorher ausbuttert.

2 Butterkekse in einen Gefrierbeutel füllen und mit einem Nudelholz fein mahlen. Mit Puderzucker mischen. Butter in einem kleinen Topf zerlassen und unter die Keks-Zuckermischung ziehen.

3 Himbeeren und Heidelbeeren mit Puderzucker in eine Schüssel geben und mit einer Gabel zerdrücken. Sahne mit Zucker steif schlagen. Frischkäse mit Mascarpone und dem Mark der Vanilleschote cremig rühren. Sahne unterheben.

4 Backblech aus dem Gefrierfach nehmen. Keksmischung auf den Boden geben und mit einem Löffel festdrücken. Abwechselnd mit Sahnemischung und Beeren beschichten: Zuerst eine Hälfte der Sahnemischung gleichmäßig verteilen und mit der Hälfte der Beeren belegen, danach die übrige Creme daraufgeben und mit Beeren abschließen. Alles glattstreichen.

5 Um einen Marmoreffekt zu erzielen, mit einem Holzstäbchen durch die Masse kreisen. Die Oberfläche nochmals glätten.

6 Alles für 4–5 Stunden oder über Nacht in den Gefrierschrank geben.

7 In Streifen schneiden und servieren.

JOHANNISBEER-CHEESECAKE MIT STREUSELN UND WEISSER SCHOKOLADE

250 g Mehl
100 g gemahlene Mandeln
200 g kalte Butter
100 g Zucker
1 Pck. Vanillezucker
1 TL Abrieb von 1 Bio-Zitrone

200 g Johannisbeeren
100 g weiße Schokolade
525 g Doppelrahmfrischkäse
2 Eier
2 TL Speisestärke
50 g Zucker
Mark von 1 Vanilleschote

Puderzucker

1 Mehl und Mandeln in eine Schüssel geben. Butter in Flöckchen, Zucker, Vanillezucker und Abrieb der Zitrone zugeben und alles mit den Knethaken des Handrührgeräts zu Streuseln kneten.

2 Backblech mit Backpapier auslegen und ggf. die Ränder einfetten. Zwei Drittel der Streusel gleichmäßig auf dem Boden verteilen und mit einem Esslöffel festdrücken.

3 Johannisbeeren von den Rispen lösen.

4 Weiße Schokolade im heißen Wasserbad schmelzen. Frischkäse, geschmolzene Schokolade, Eier, Speisestärke, Zucker und Mark der Vanilleschote zu einer glatten Masse rühren. Creme auf den Streuselboden geben und glattstreichen.

5 Johannisbeeren auf dem Kuchen verteilen und die beiseite gestellten Streusel gleichmäßig über den Kuchen streuen.

6 Im vorgeheizten Backofen bei 180 Grad für ca. 60 Minuten backen. Abkühlen lassen.

7 Mit Puderzucker bestäuben.

NEKTARINEN-MOHN-JOGHURT-KUCHEN

180 g weiche Butter
120 g Zucker
Mark von 1 Vanilleschote
2 Eier
150 g Vollmilch-Joghurt (3,5 %)
150 g Mehl
50 g gemahlene Mandeln
1 TL Backpulver
1 EL Mohnsamen
1 TL Abrieb einer Bio-Zitrone
2 Nektarinen
1 EL gehobelte Mandeln

1 Butter mit Zucker und Mark der Vanilleschote schaumig schlagen. Eier zufügen und weiter cremig rühren. Joghurt unterrühren. Mehl, Mandeln, Backpulver, Mohn und Zitronenabrieb mischen und unter den Teig rühren.

2 Nektarinen halbieren, entsteinen und achteln.

3 Eine Springform einfetten und am Boden mit Backpapier auslegen. Teig einfüllen. Nektarinenachtel in den Teig drücken und mit gehobelten Mandeln bestreuen.

4 Im vorgeheizten Backofen bei 180 Grad ca. 60 Minuten backen.

für eine Springform von 16–20 cm Durchmesser

MANDEL-VANILLEKUCHEN MIT GEMISCHTEN BEEREN

5 Eier
180 g Zucker
Mark von 1 Vanilleschote
1 TL Abrieb einer Bio-Zitrone
200 g gemahlene Mandeln
1 TL Backpulver

100 g Brombeeren
1 EL Zucker
1 EL Zitronensaft
200 g Crème double
  (ersatzweise Mascarpone)
Mark von 1 Vanilleschote
150 g Sahne
2 EL Zucker

100–150 g gemischte Beeren

1   Eier trennen. Eigelb mit Zucker und dem Mark der Vanilleschote sehr cremig rühren, Abrieb der Zitrone beifügen. Mandeln mit Backpulver mischen und unter die Eigelbcreme rühren. Eiweiß steif schlagen und unter den Teig heben.

2   Teig in eine gefettete Springform füllen und im vorgeheizten Backofen bei 180 Grad ca. 1 Stunde backen. Mit dem Holzstäbchen testen, ob der Teig durchgebacken ist. Abkühlen lassen.

3   Brombeeren mit Zucker und Zitronensaft pürieren. Crème double mit dem Mark der Vanilleschote cremig rühren. Brombeerpüree untermischen.

4   Sahne mit Zucker steif schlagen und unter die Brombeercreme heben. Einen Teil davon auf dem Kuchen verstreichen, den Rest zu den einzelnen Stücken reichen. Kuchen mit gemischten Beeren belegen.

Man kann den Kuchen auch einmal waagrecht teilen und die Hälfte der Creme in den Kuchen streichen. Die zweite Hälfte wird dann das Topping!

für eine Kastenform von 20 cm Länge

KIRSCH-VANILLE-BATTENBERG-KUCHEN

50 g frische Kirschen
200 g weiche Butter
150 g Zucker
Mark von 1 Vanilleschote
4 Eier
180 g Mehl
100 g gemahlene Mandeln
1 TL Backpulver
3 EL Milch
1 TL Kirschwasser
pinkfarbene Speisepaste

4 EL Kirschkonfitüre

Fondant oder Marzipan
Kirschen

1   Kirschen entkernen und halbieren.

2   Butter mit Zucker und dem Mark der Vanilleschote aufschlagen. Eier nach und nach zugeben und kräftig weiterrühren. Mehl mit Mandeln und Backpulver mischen und unter die Masse mengen. Milch unterrühren. Teig in zwei gleich große Portionen teilen.

3   Eine der Portionen so belassen wie sie ist, die andere mit Kirschwasser und ein wenig Lebensmittelpaste verrühren und die Kirschen unterheben.

4   Zwei Kastenformen einfetten und mit etwas Mehl ausstäuben. Teig einfüllen und glattstreichen.

Wer nur eine Kastenform besitzt, kann die Kuchen auch nacheinander backen.

5   Im vorgeheizten Backofen bei 180 Grad 30 Minuten backen. Mit dem Holzstäbchen testen, ob der Teig durchgebacken ist. Abkühlen lassen.

6   Die Oberseite der Kuchen mit einem Messer begradigen. Dabei darauf achten, dass beide Kuchen gleich hoch sind, evtl. bei einem Kuchen etwas mehr wegschneiden. Beide Kuchen aufeinander legen.

7   Mit einem Messer der Länge nach zwei gleich große Streifen abschneiden. Insgesamt sollten jetzt von jedem Kuchen bzw. von jeder Farbe zwei Streifen vorliegen.

8   Kirschkonfitüre in einem kleinen Topf erwärmen und ggf. durch ein Sieb streifen, um grobe Fruchtstücke zu entfernen.

9   Je einen Kuchenstreifen mit hellem Teig mit einem Kuchenstreifen des rosafarbenen Teigs „zusammenkleben". Dazu mit einem Pinsel eine Seite des hellen Kuchens der Länge nach mit Konfitüre bestreichen und den rosa Kuchen andrücken. Etwas halten.

10 Die Oberseite der beiden zusammengeklebten Kuchen mit Konfitüre bestreichen und den dritten Streifen – schachbrettartig versetzt – darauflegen. Die Längsseite mit Konfitüre benetzen und den vierten Kuchenstreifen andrücken.

11 Fondant bzw. Marzipan auf einer mit Puderzucker bestäubten Arbeitsfläche ca. 3 mm dünn ausrollen. Die Maße auf die Breite und Länge des Kuchens abstimmen und entsprechend kürzen. Nun den ganzen Kuchen mit Konfitüre einstreichen, auf den Fondant legen und einwickeln. Mit Kirschen belegen und servieren.

FAMILIEN FEST

ooh

aah mmh ooh aah

lecker mmh mmh

ooh lecker aah

lecker ooh

FRISCH UND FRÖHLICH

ooh

MATERIAL
Tontöpfe
Sommerblumen
Acryllack
schwarzer Textmarker
Korkuntersetzer
weißer Textmarker

Unseren Tisch habe ich mit selbstgestalteten Tontöpfen verschönert, in die ich verschiedene Sommerblumen gepflanzt habe. Zugleich dienen sie als Platzkärtchen. Für jeden Gast bzw. jedes Familienmitglied habe ich einen Topf mit Acryllack bepinselt, mit einem Textmarker die entsprechenden Namen daraufgeschrieben und einige von ihnen mit Pünktchen verziert.

Den Tisch habe ich außerdem mit ein paar Papierrosetten dekoriert. Als Untersetzer für die Gläser habe ich Korkuntersetzer verwendet und auf diese mit weißem Textmarker Punkte aufgemalt. Ein paar Lampions in den Bäumen dürfen natürlich auch nicht fehlen.

aah

lecker

für eine Springform von 16–20 cm Durchmesser

SOMMER-SCHOKOLADENTORTE MIT SCHOKOLADENFROSTING

200 g Butter
120 g Zucker
1 Pck. Vanillezucker
4 Eier
280 g Mehl
1 TL Backpulver
20 g Kakao
90 ml Milch

300 g Sahne
150 g Zartbitterschokolade
1 EL Zucker

350 g gemischte Früchte und
  Beeren (z. B. Pfirsiche, Aprikosen, Kirschen, Himbeeren)

Puderzucker
Schokoladenraspel

1. TAG

1 Butter mit Zucker und Vanillezucker schaumig schlagen. Eier nach und nach zugeben. Mehl mit Backpulver und Kakao mischen und unterheben. Milch ebenfalls untermengen.

2 Im vorgeheizten Backofen bei 180 Grad 1 Stunde backen. Auskühlen lassen.

3 Sahne, Schokolade und Zucker in einen Topf geben und unter ständigem Rühren erhitzen, bis die Schokolade vollständig geschmolzen ist. Die Creme vollständig auskühlen lassen, am besten über Nacht.

2. TAG

4 Kuchen zweimal waagrecht auseinanderschneiden. Schokoladensahne steif schlagen. Die Hälfte der Sahne auf dem ersten Tortenboden verteilen und glattstreichen.

5 Pfirsiche, Aprikosen bzw. Kirschen vom Stein lösen und achteln, vierteln oder halbieren. Die Hälfte der Früchte und Beeren auf der Schokoladensahne verteilen. Den zweiten Boden darauf setzen.

6 Mit der restlichen Sahne bestreichen und die übrigen Früchte darauf verteilen. Mit Puderzucker bestäuben und ggf. mit Schokoladenraspel bestreuen.

lecker
MANDEL-KIRSCH-TORTE MIT HEIDELBEEREN

für eine Springform von 16–20 cm Durchmesser

200 g Butter
120 g Zucker
1 Pck. Vanillezucker
4 Eier
180 g Mehl
1 TL Backpulver
100 g gemahlene Mandeln
100 ml Kondensmilch (10 %)

150 g Sahne
1 EL Zucker
100 g Mascarpone
100 g Butter
Mark von 1 Vanilleschote
100 g Kirschkonfitüre
100 g Heidelbeeren

weißes Schokoladenfrosting
(siehe Seite 22)

Rosen (ungespritzt)
Heidelbeeren

1 Butter mit Zucker und Vanillezucker schaumig schlagen. Eier nach und nach zugeben. Mehl mit Backpulver und Mandeln mischen und unterheben. Kondensmilch ebenfalls untermengen.

2 Im vorgeheizten Backofen bei 180 Grad 1 Stunde backen. Auskühlen lassen.

3 Sahne mit Zucker steif schlagen. Mascarpone und Butter mit dem Mark der Vanilleschote und Kirschkonfitüre cremig rühren. Sahne und Heidelbeeren unterheben.

4 Tortenboden zweimal waagrecht auseinanderschneiden. Um den unteren Boden einen Tortenring legen. Darauf die Hälfte der Füllung verteilen, glattstreichen und mit dem zweiten Tortenboden bedecken. Mit der übrigen Creme bestreichen. Mit dem letzten Tortenboden abschließen und die Torte ca. 3 Stunden kühlstellen.

5 Nach dem Rezept auf Seite 22 ein Schokoladenfrosting herstellen und die Torte damit auskleiden.

6 Mit Rosen und Heidelbeeren verzieren.

PICKNICK

Sommerideen ♥ Picknick

JEDES JAHR MACHE ICH MIT MEINEN TÖCHTERN IM SOMMER EIN PICKNICK AM SEE. DAZU PACKE ICH UNSEREN GROSSEN PICKNICKKORB UND FÜLLE IHN MIT VIELEN LECKEREN SACHEN.

für eine runde Kuchenform von 22–24 cm Durchmesser

SOMMERKUCHEN MIT APRIKOSEN

90 g weiche Butter
80 g Zucker
1 Pck. Bourbon-Vanillezucker
2 Eier
190 g Mehl
1 TL Backpulver
90 ml Milch

350 g reife Aprikosen

Vanillezucker
Puderzucker

1 Butter mit Zucker und Vanillezucker schaumig schlagen. Eier zugeben und weiter cremig rühren. Mehl mit Backpulver mischen und unter die Eimasse mengen. Zum Schluss die Milch einrühren.

2 Eine runde Kuchenform einfetten und mit Mehl bestäuben. Den Teig einfüllen und glattstreichen. Aprikosen vierteln, entkernen und in den Kuchen drücken.

3 Kuchen im vorgeheizten Backofen bei 180 Grad ca. 45 Minuten backen. Abkühlen lassen und mit einem Gemisch aus Vanillezucker und Puderzucker bestäuben.

Der Kuchen kann auch mit anderen Früchten oder Beeren wie Kirschen, Johannisbeeren, Heidelbeeren etc. zubereitet werden!

KIRSCH-PIES
für eine Pie- oder Springform von 20 cm Durchmesser bzw. 6–8 kleine Pieförmchen

Piekruste
(siehe Seite 55)

500 g Kirschen
2 EL Zucker
2 EL Speisestärke
1 EL Zitronensaft
Mark von 1 Vanilleschote

1 Eigelb
1 EL Milch

Puderzucker

1 Teig wie auf Seite 55 beschrieben zubereiten, kühlen und auf einer bemehlten Arbeitsfläche ca. 3 mm dünn ausrollen. Pieform bzw. -förmchen einfetten, mit Mehl bestäuben und mit Teig auskleiden. Etwas Teig für das Gitter übrig lassen.

2 Für die Füllung die Kirschen halbieren, entkernen und mit Zucker, Speisestärke, Zitronensaft und dem Mark der Vanilleschote in eine Schüssel geben. Alles gut miteinander vermengen. In die Förmchen füllen.

3 Den übrigen Teig in Streifen schneiden und im Gittermuster auf den Pies auslegen. Eigelb mit Milch verquirlen und die Eiermilch mit einem Pinsel auf die Pies streichen. Im Backofen bei 180 Grad backen.

Eine große Pie benötigt ca. 45 Minuten Backzeit, die kleinen Pies 20–25 Minuten.

4 Abkühlen lassen und ggf. mit Puderzucker bestäuben.

PFANNKUCHEN-BEEREN-SPIESSE

für mindestens 4 Personen

4 Eier
1 Prise Salz
400 ml Milch
1 Pck. Vanillezucker
200 g Mehl

neutrales Pflanzenöl

Erdbeermarmelade oder Nutella
200 g gemischte Beeren
Holzspieße

1 Eier in einer Schüssel aufschlagen. Salz zugeben und cremig rühren. Milch und Vanillezucker dazugießen und weiterrühren. Mehl sieben und untermengen. Alles zu einem glatten Teig verarbeiten.

2 Eine Pfanne erhitzen, 1 EL Öl darin heiß werden lassen. Den Teig portionsweise im heißen Öl ausbacken – pro Portion braucht man etwa 1 EL Öl.

3 Die Pfannkuchen mit einem Klecks Marmelade oder Nutella bestreichen, aufrollen und in Röllchen teilen. Die Röllchen im Wechsel mit frischen Beeren auf Holzstäbchen spießen.

EIS
PARTY

LECKER

WENN ES DRAUSSEN SO RICHTIG HOCHSOMMERLICH WARM IST, GIBT ES NICHTS SCHÖNERES, ALS EINE KLEINE EISBAR AUFZUBAUEN UND EINE EISPARTY ZU VERANSTALTEN. MEINE BEIDEN TÖCHTER SIND DARAUF IMMER SEHR ERPICHT UND LADEN DAZU GERN EIN PAAR IHRER FREUNDINNEN EIN.

UMSO MEHR, UMSO BESSER

MATERIAL
fester Karton
Fotokarton in verschiedenen
    Farben
Holzlöffel
Bastelkleber
Stift
doppelseitiges Klebeband

Zu dieser Gelegenheit bastle ich Eis am Stiel selbst und dekoriere damit die gesamte Bar. Zuerst zeichne ich mir den Umriss eines Eises am Stiel als Vorlage auf festen Karton und übertrage die Konturen mit Bleistift auf pastellfarbenen Fotokarton, danach schneide ich alles aus. Ein paar von den Motiven beschrifte ich mit den Namen der Gäste, klebe kleine Holzlöffel als Stiel daran und lege sie als Platzkärtchen auf ihre Teller. Die anderen beklebe ich auf der Rückseite mit doppelseitigem Klebeband und hänge sie hinter der Eisbar an die Wand.

Die Bar selbst statte ich mit allerlei Süßem aus, mit dem man sein Eis garnieren kann oder was man gern so nebenbei nascht. Da wären verschiedene Soßen (Schokolade und Vanille), Streusel, Marshmallows, Mini-Oreos, kleine Baisers, gehackte Mandeln, gefriergetrocknete Himbeeren. Außerdem stelle ich ein paar Eiswaffeln parat. Diese habe ich vorher in weiße bzw. dunkle Kuvertüre getaucht und dann mit Streuseln, gehackten Mandeln, gefriergetrockneten Himbeeren oder Süßigkeiten verziert.

Und natürlich gibt es jede Menge Eis in sämtlichen Variationen!

BEEREN-EISTORTE

für eine Springform von 16–20 cm Durchmesser

100 g Eiswaffeln
50 g Butter geschmolzen

300 g Sahne
500 g Joghurt (3,5 %)
Mark von 1 Vanilleschote
80 g Zucker
Abrieb von 1/2 Bio-Zitrone
150 g Erdbeeren
150 g Brombeeren und
    Himbeeren

gefrorene oder frische Beeren
    zur Dekoration

1 Eiswaffeln in einen Gefrierbeutel füllen und mit dem Nudelholz in kleine Stücke drücken bzw. mahlen. Butter in einem kleinen Topf auf der Herdplatte zerlassen und mit den Waffelbröseln in einem Schälchen gut vermengen. Den Boden einer Springform mit Backpapier auslegen. Die Keksbrösel darin ausstreuen und festdrücken.

2 Sahne steif schlagen. Joghurt mit dem Mark der Vanilleschote, Zucker und Zitronenabrieb verrühren. Sahne unter den Joghurt heben.

3 100 g Erdbeeren pürieren und die anderen 50 g in größere Stücke schneiden. Die Hälfte der Joghurt-Sahne mit dem Erdbeerpüree und den Fruchtstücken vermischen. Die andere Hälfte der Sahne im Kühlschrank kühlstellen.

4 Die Erdbeer-Joghurtcreme auf dem Keksboden in der Springform verteilen, glattstreichen und für 1 Stunde ins Kühlfach stellen.

5 In der Zwischenzeit 100 g von den Brombeeren und Himbeeren pürieren.

Wer im Eis keine Kerne haben möchte, streicht das Brombeer-Himbeermus vor dem Weiterverarbeiten durch ein Sieb.

6 Das Püree mit der kühlgestellten Joghurtsahne mischen und die restlichen 50 g Beeren untermischen. Die Masse auf der Torte verteilen, glattstreichen und für mindestens 5 Stunden – am besten über Nacht – zurück ins Gefrierfach stellen.

7 30 Minuten vor dem Servieren aus dem Gefrierfach nehmen. Danach aus der Form lösen, mit Beeren garnieren und servieren.

CAKEPOPS IN DER EISWAFFEL

für 12 Stück

300 g fertiger heller
    Rührkuchen

50 g Butter
50 g Puderzucker
150 g Doppelrahmfrischkäse

150 g Candymelts
10 g Palmin

12 Waffelbecher

50 g dunkle Kuvertüre
Zuckerstreusel

1   Den Kuchen fein zerkrümeln und in eine große Schüssel geben. Für die Frisch-käsecreme Butter, Puderzucker und Frischkäse mit dem Handrührgerät glatt verrüh-ren. Die Creme portionsweise mit einem Löffel unter die Brösel rühren, bis die Masse gut formbar ist. Von der Masse 12 Portionen abstechen und zu Kugeln formen, die in die Eiswaffeln passen. Die Bällchen 30 Minuten kühlen.

2   Inzwischen die Candymelts mit dem Kokosfett im warmen Wasserbad schmelzen. Den Rand der Waffelbecher in die Candymelts tauchen und anschließend sofort je einen Cakepop daraufsetzen. Nochmals ca. 15 Minuten kühlstellen.

3   Die Candymelts ggf. ein zweites Mal im Wasserbad kurz erwärmen, falls sie zu fest geworden sind. Die Cakepops in die Candymelts tauchen und trocknen lassen. Kuvertüre im Wasserbad schmelzen und je einen Klecks auf die Eiskugeln geben. Sofort mit Zuckerstreuseln bestreuen. Vollständig trocknen lassen.

LECKER

für 12 Stück

HIMBEER-KÄSEKUCHEN IN DER EISWAFFEL

125 g Himbeeren
1 EL Puderzucker
150 g Sahne
1 Pck. Vanillezucker
200 g Doppelrahmfrischkäse
3 EL Puderzucker

Waffelbecher

Heidelbeeren
Schokoladenröllchen

1   Die Himbeeren zusammen mit dem Puderzucker pürieren. Das Püree durch ein feines Sieb streichen und das Mark auffangen. Sahne mit Vanillezucker steif schlagen.

2   Frischkäse mit Puderzucker cremig schlagen. Ca. 2–3 EL Himbeerpüree mit einmischen. Die Himbeercreme vorsichtig unter die geschlagene Sahne heben. Alles in einen Spritzbeutel mit großer Sterntülle füllen und in die Eisbecher spritzen.

3   Mit Heidelbeeren und Schokoladenröllchen verzieren und bald servieren, damit die Creme die Waffeln nicht zu sehr aufweicht.

BROMBEER-MASCARPONE-EIS

200 g Brombeeren
150 g Zucker
100 ml Sahne
250 g Mascarpone
Mark von 1 Vanilleschote
100 ml Milch

Für die Zubereitung ohne Eismaschine wird die Milch durch Sahne ersetzt.

ZUBEREITUNG MIT DER EISMASCHINE:

Brombeeren waschen und 150 g mit dem Zucker pürieren. Restliche Brombeeren beiseite stellen. Sahne, Mascarpone, Mark der Vanilleschote und Milch in eine Schüssel geben und alles mit dem Handrührgerät cremig rühren. Pürierte Brombeeren und beiseite gestellte Brombeeren untermengen und alles in die eingeschaltete Eismaschine füllen. Entnehmen, wenn die Eismaschine fertig ist.

ZUBEREITUNG OHNE EISMASCHINE:

Brombeeren waschen und 150 g mit dem Zucker pürieren. Restliche Brombeeren beiseite stellen. Sahne mit dem Handrührgerät steif schlagen. In einer zweiten Schüssel den Mascarpone mit dem Mark der Vanilleschote glattrühren. Brombeerpüree unterrühren, Sahne und beiseite gestellte Brombeeren unterheben. In eine Gefrierform füllen und für ca. 3 Stunden in den Gefrierschrank stellen. Von Zeit zu Zeit durchrühren, damit das Eis schön cremig bleibt.

LECKER

für 6–8 Stück

MILKY-EIS AM STIEL

240 ml Milch
150 ml Sahne
100 g geriebene Schokolade
(Milchschokolade, weiße
Schokolade oder Zartbitterschokolade)

1 Milch und Sahne zusammen in einen Topf geben und bei mittlerer Hitze erwärmen. Die geriebene Schokolade in eine Schüssel geben. Mit warmer Milchmischung
übergießen und dabei kräftig rühren, so dass die Schokolade schmilzt und alles
schön glatt wird.

2 In Eisförmchen füllen und ein Holzstäbchen hineinstecken. Für mindestens 4
Stunden oder über Nacht ins Gefrierfach stellen.

LECKER

für mindestens 6 Portionen

MANGO-EISPOPS

300 g Mango-Fruchtfleisch
100 ml Sahne
100 ml Milch
50 g Puderzucker
Saft von 1 Limette

1   Mango kleinschneiden. Das Fruchtfleisch in einen hohen Behälter geben und mit Sahne, Milch, Puderzucker und dem Saft der Limette auffüllen. Alles gemeinsam pürieren.

2   In Eis-Pop-Förmchen füllen und ins Gefrierfach geben. Mindestens 5 Stunden kühlen, am besten über Nacht.

LECKER

ZITRONEN TAFEL

GELB GIBT GUTE LAUNE UND SAUER MACHT LUSTIG ! DESHALB HABE ICH SPASS DARAN, MIT ZITRONEN EIN EIGENES THEMA ZU GESTALTEN UND MEINEN TISCH DEMENTSPRECHEND ZU DECKEN. GELB KOMMT BESONDERS SCHÖN IN DER KOMBINATION MIT SCHWARZ UND WEISS ZUR GELTUNG.

ELEGANT IN GELB

MATERIAL

Sperrholzplatte
schwarzer Tafellack
Pinsel
weiße Kreide

Zitronen
schwarzer Fotokarton
weißer Textmarker
Siegelwachs
Briefsiegel
Schere
Schnur
Linolwerkzeug
Stift
weißes und schwarzes
   Tonpapier

In der Länge des Tisches streiche ich eine dünne Sperrholzplatte zweimal mit Tafellack an und lege diese auf die Tischplatte. Darauf decke ich weiße Teller ein und male die Umrisse großzügig mit weißer Kreide nach.

Als „Namenskärtchen" dekoriere ich auf jeden Teller eine Zitrone. Für die Namensfähnchen verwende ich schwarzen Fotokarton, beschrifte sie jeweils mit weißem Textmarker und wickele eine Schnur um die Zitrone. Die Enden fixiere ich mit schwarzem Siegelwachs.

Auf den Tisch lege ich ebenfalls Zitronen, die ich mit Linolwerkzeug einritze. Die Formen dafür habe ich mir vorher mit Stift aufgezeichnet.

Beim Schnitzen gehe ich ganz behutsam vor. Denn, wenn ich die Zitronen zu tief einschneide, quillt Saft heraus.

Aus weißem und schwarzem Papier falte ich kleine Papierschiffchen und lege diese in der Tischmitte aus. Das ergibt eine sommerliche Note.

ZITRONENBUTTERMILCHKUCHEN MIT ZITRONENKOMPOTT

für eine Brioche- oder Guglhupfform von 23 bzw. 22 cm Durchmesser

KUCHEN
230 g Butter
180 g Zucker
Mark von 1 Vanilleschote
4 Eier
Abrieb einer Bio-Zitrone
Saft von 2 Zitronen
200 g Mehl
100 g gemahlene Mandeln
1 TL Backpulver
200 ml Buttermilch

KOMPOTT
2 Bio-Zitronen
70 g Zucker
1/2 Vanilleschote

FROSTING
200 g Sahne
1 Pck. Vanillezucker

1 Butter mit Zucker und dem Mark der Vanilleschote schaumig rühren. Eier zufügen und cremig schlagen. Zesten und Zitronensaft in den Teig rühren. Mehl mit Mandeln und Backpulver mischen und unter den Teig heben. Zum Schluss die Buttermilch unterrühren.

2 Teig in eine gefettete Brioche- oder Guglhupfform füllen und im vorgeheizten Backofen bei 180 Grad ca. 60 Minuten backen.

3 Für das Kompott die beiden Zitronen schälen und die weiße Haut entfernen.

Später wird die Schale noch verwendet. Deshalb schäle ich sie immer dünn ab und schneide sie mit einem Messer in dünne Streifen.

4 Fruchtfleisch in kleine Stücke schneiden und in einen kleinen Topf geben. Zucker und ausgekratztes Vanillemark samt Schote hinzufügen. Den angesammelten Zitronensaft und die Zitronenschale ebenfalls in den Topf geben. Alles zum Kochen bringen, danach die Hitze reduzieren und 15 Minuten eindicken lassen. Die Schote wieder entfernen. Abkühlen lassen.

5 Vor dem Servieren die Sahne mit dem Vanillezucker steif schlagen und über den Kuchen geben. Mit dem Kompott servieren.

für eine längliche Tarteform mit den Maßen 35 x 11 cm oder eine runde Tarteform von 20–22 cm Durchmesser

ZITRONENTARTE MIT WEISSER SCHOKOLADE

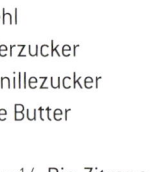

180 g Mehl
50 g Puderzucker
1 Pck. Vanillezucker
90 g kalte Butter
1 Ei
Abrieb von 1/2 Bio-Zitrone

100 g weiße Schokolade
150 g Sahne
70 g Zucker
150 g Mascarpone
Mark von 1 Vanilleschote
1 TL Abrieb einer Bio-Zitrone
80 ml frisch gepresster
    Zitronensaft (ca. 1 Zitrone)
1 Ei
1 EL Speisestärke

200 g Sahne
1 EL Zucker
Abrieb einer Bio-Zitrone

1 Mehl mit Mandeln und Puderzucker, Vanillezucker, Butter, Ei und dem Zitronen-abrieb zu einem glatten Mürbteig verarbeiten. In Frischhaltefolie wickeln und im Kühlschrank mindestens 1 Stunde kühlen.

2 Gekühlten Teig auf einer bemehlten Arbeitsfläche ausrollen und eine gefettete Tarteform damit auskleiden. Im vorgeheizten Backofen bei 180 Grad 10 Minuten blind backen. Tarte aus dem Ofen nehmen.

3 Weiße Schokolade im Wasserbad erhitzen und auf Raumtemperatur abkühlen lassen. Sahne mit Zucker steif schlagen. Mascarpone mit dem Mark der Vanille-schote, dem Abrieb der Bio-Zitrone, frisch gepresstem Zitronensaft, Ei und Spei-sestärke glattrühren. Schokolade einrühren. Sahne unterheben und alles in die Tarteform füllen. Glattstreichen.

4 Zurück in den Backofen geben und weitere 25 Minuten backen. Abkühlen lassen. Sahne mit Zucker steif schlagen. In einen Spritzbeutel mit mittelgroßer Lochtülle füllen und Tupfen auf die Tarte spritzen. Mit geriebener Bio-Zitronenschale bestreuen.

CITRUS-LIMONADE für ca. 800 ml

2 Bio-Zitronen
2 Stängel Zitronengras
60 g Zucker
1 TL Bio-Zitronenabrieb
700 ml Mineralwasser mit
   Sprudel

1 Bio-Zitrone
Zitronenmelisse

1   Die Zitronenschale abreiben und die Zitronen auspressen.

2   Den oberen Teil des Zitronengrases entfernen und den unteren Abschnitt anklopfen. In Stücke schneiden und mit Zitronensaft, Zucker und Zitronenabrieb in einen Topf geben. Ca. 5 Minuten lang zu einem Sirup einkochen lassen. Den Sirup vom Herd ziehen, durch ein Sieb abgießen und dabei die Zitronenschale und das Zitronengras abfangen.

3   Abkühlen lassen.

4   Vor dem Servieren mit Mineralwasser aufgießen und mit Zitronenschnitzen sowie Zitronenmelisse servieren.

GARTEN PARTY

EL LIMON

FÜR MICH GIBT ES NICHTS SCHÖNERES, ALS IM SOMMER FREUNDE EINZULADEN UND MIT IHNEN EIN KLEINES FEST DRAUSSEN IM GARTEN ZU FEIERN. DAMIT FÜR ERFRISCHUNG GESORGT IST, DEKORIERE ICH DEN TISCH MIT KUNTERBUNTEN FRÜCHTEN UND DECKE IHN IN FRÖHLICHEN FARBEN.

ALLES ANANAS?

MATERIAL
Wabenbälle in verschiedenen Größen
Fotokarton
Schere
Bleistift
Bastelkleber

Der Inbegriff für Sommer ist für mich die Ananas. Deshalb habe ich Wabenbälle in verschiedenen Größen in Ananas verwandelt und auf dem Tisch ausgelegt. Das ist schnell gemacht: Zuerst zeichne ich mir auf die geschlossenen Wabenbälle die Form einer Ananas auf und schneide sie aus. Danach male ich auf Fotokarton den Strunk auf, schneide ihn ebenfalls aus und klebe ihn in die Mitte der Wabenbälle. Anschließend klappe ich die Wabenbälle auf, fixiere sie mit Bastelkleber und drapiere sie auf den Tellern und auf dem Tisch.

Zur Auflockerung habe ich unter die Ananas ein paar Pfirsiche gemischt – statt des Strunks habe ich hier einfach ein ausgeschnittenes Blatt aus Fotokarton in die Mitte geklebt.

KLASSISCHERWEISE WIRD KEY-LIME-PIE MIT GEZUCKERTER KONDENSMILCH GEBACKEN. WEIL MIR DAS ABER ZU SÜSS IST, HABE ICH DAS REZEPT EIN WENIG ABGEWANDELT.

für eine Pie-Form von 22–24 cm Durchmesser

KEY-LIME-PIE

PIE-KRUSTE

250 g Mehl
1 Prise Salz
1 EL Puderzucker
150 g kalte Butter
70 ml kaltes Wasser

FÜLLUNG

350 g Kondensmilch (10 %)
120 g Schmand
175 g Doppelrahmfrischkäse
150 ml Limettensaft
   (frisch gepresst)
1 EL Abrieb einer Bio-Limette
3 EL Zucker
1 Eigelb

TOPPING

200 g Sahne
1 EL Zucker
Bio-Limetten

1 Mehl, Salz, Puderzucker, kalte Butter und Wasser in eine Schüssel geben und zu einem glatten Teig verkneten. Den Teig in Frischhaltefolie wickeln und für ca. 1 Stunde in den Kühlschrank stellen.

2 Den gekühlten Teig auf einer bemehlten Arbeitsfläche ca. 3 mm dünn ausrollen. Eine Pie-Form einfetten, mit Teig auskleiden und mit einer Gabel mehrmals einstechen.

3 Backpapier in die Form legen, mit Hülsenfrüchten beschweren und 10 Minuten bei 180 Grad blind backen. Backpapier und Hülsenfrüchte entfernen.

4 Kondensmilch mit Schmand, Frischkäse, Limettensaft und -abrieb, Zucker und Eigelb zu einer glatten Masse rühren und auf dem Pieboden löffelweise verteilen. Im Backofen bei 180 Grad weitere 30 Minuten backen. Herausnehmen und abkühlen lassen. Bis zum Servieren kühlstellen.

5 Vor dem Servieren die Sahne mit dem Zucker steif schlagen. Auf der Pie verstreichen oder in einen Spritzbeutel füllen und mit großer Sterntülle Tupfen aufspritzen. Mit Limettenabrieb und Limettenscheiben garnieren.

OHNE BACKEN!

ANANAS-PIE

für eine Pieform von 22–24 cm Durchmesser

150 g Butterkekse
2 EL Puderzucker
100 g geschmolzene Butter

500 g frische Ananas
140 g Zucker
1 Bio-Zitrone (Saft und Schale)

200 g Schmand
250 g Doppelrahmfrischkäse
Mark von 1 Vanilleschote
1 EL Zucker

200 g Sahne
1 EL Zucker
gehackte Pistazien

1 Kekse in einen Gefrierbeutel füllen und mit einem Nudelholz fein mahlen. In eine Schüssel füllen und mit dem Puderzucker vermischen. Butter in einem Topf zerlassen und unter die Keksmischung rühren. In eine Pieform geben und mit einem Löffel festdrücken. Bis zur weiteren Verarbeitung in den Kühlschrank stellen.

2 Geschälte Ananas in kleine Stücke schneiden. Mit dem Zucker, der Zitronenschale und dem Zitronensaft in einen Topf geben und aufkochen. Solange köcheln lassen, bis die Ananas schön weich ist. Zitronenschale entfernen, Ananas abgießen, dabei aber den Sirup auffangen und diesen beiseite stellen. Alles abkühlen lassen.

3 In der Zwischenzeit den Schmand mit dem Frischkäse, dem Mark der Vanilleschote und dem Zucker cremig rühren. Abgekühlte Ananasstückchen unterheben und alles auf den Pieboden streichen. Für ein paar Stunden in den Kühlschrank stellen und durchziehen lassen.

4 Vor dem Servieren die Sahne mit dem Zucker steif schlagen. Auf die Pie streichen. Mit gehackten Pistazien bestreuen und dem beiseite gestellten Sirup beträufeln.

ANANAS-KOKOS-EIS MIT ZITRONENGRAS

400 g frische Ananas
4 Stängel Zitronengras
100 ml Limettensaft
80 g Zucker
120 g Kokosmilch (cremig)

1   Ananas schälen und in kleine Stücke schneiden. Zitronengras kürzen und den oberen Abschnitt aufheben. Die unteren Stiele schälen und nur den inneren, weicheren Teil weiterverwenden. In Streifen schneiden, mit einem Messer leicht anklopfen und gemeinsam mit Ananasstücken, Limettensaft und Zucker in einen Topf geben.

2   Aufkochen lassen und ca. 5 Minuten einkochen, bis die Ananas schön weich ist. Alles mit dem Pürierstab pürieren. Kokosmilch unterrühren und in Eisförmchen füllen.

Als Eisförmchen habe ich kleine Joghurtbecher verwendet.

3   Die beiseite gelegten Halme des Zitronengrases hineinstecken und für mindestens 4 Stunden, am besten über Nacht, ins Kühlfach stellen.

HERBST
IDEEN

für ca. 16 Stück

APFEL-ROSEN-ROLLEN

ÄPFEL

4–5 mittelgroße bis große
  rotschalige Äpfel
Saft von ½ Zitrone
1 EL Zucker
Wasser

TEIG

500 g Mehl
1 Würfel Hefe
180 ml lauwarme Milch
80 g Zucker
1 Ei
60 g flüssige Butter
Mark von 1 Vanilleschote
1 Prise gemahlener Zimt
2 EL Quark (40 %)

FÜLLUNG

60 g flüssige Butter
1 TL gemahlener Zimt
50 g Zucker
ca. 8 EL gemahlene Haselnüsse

1 Prise gemahlener Zimt
1 EL Zucker

1 Kerngehäuse aus den Äpfeln ausstechen bzw. Äpfel halbieren und das Kerngehäuse entfernen. Äpfel in dünne Scheiben schneiden und diese in einen Topf geben. Mit Zitronensaft beträufeln, mit Zucker bestreuen und soviel Wasser zugeben, bis die Äpfel bedeckt sind. Aufkochen lassen und Hitze sofort reduzieren. Äpfel 2 Minuten im Wasser ziehen lassen, anschließend in ein Sieb gießen und abtropfen lassen.

2 In der Zwischenzeit den Hefeteig herstellen. Das Mehl in eine Schüssel sieben. Die Milch erwärmen. In das Mehl eine Mulde drücken und die Hefe hineinbröckeln. Zucker dazugeben und die Hefebröckel vorsichtig mit der lauwarmen Milch übergießen. Den Vorteig ca. 20 Minuten an einem warmen Ort gehen lassen. Danach die restlichen Zutaten hinzufügen und zu einem Teig verkneten. Den Hefeteig ein weiteres Mal an einem warmen Ort ca. 1 Stunde gehen lassen, bis sich das Volumen des Teigs verdoppelt hat. Den Teig auf einer bemehlten Arbeitsfläche zu einem Rechteck ausrollen.

3 Butter erhitzen, bis sie flüssig ist. Mit Zimt und Zucker verrühren. Die Buttermischung gleichmäßig auf dem Teig verteilen und mit den gemahlenen Haselnüssen bestreuen. Mit einem Messer in ca. 3–4 cm breite Streifen teilen. Die Äpfel darauflegen und zwar so, dass sie sich überlappen und oben am Rand ein wenig überstehen. Anschließend aufrollen.

4 Eine Muffinform buttern und ggf. am Boden mit Semmelbröseln bestreuen, damit die Rollen nicht kleben bleiben. Die Apfelrollen hineinsetzen und bei 180 Grad ungefähr 25 Minuten backen. Die Rollen sind fertig, wenn sie oben leicht goldbraun sind. Mit Zimt und Zucker bestreuen.

Wenn ich die Rollen aufbewahren möchte, bedecke ich sie gleich nach dem Abkühlen mit Frischhaltefolie. So trocknet der Hefeteig nicht aus.

Die Apfel-Rosen-Rollen sind immer gut – warm oder kalt. Wenn man sie warm isst, schmecken sie mit Vanillesoße richtig lecker.

DEKO-TIPP

3-D-Apfel-Topper sehen wunderschön aus und sind ganz leicht zu machen.
Zuerst zeichne ich mir eine Vorlage für einen Apfel mit Stiel und Blatt. Diese Vorlage übertrage ich dreimal auf einen Fotokarton, einmal mit Stiel und Blatt, zweimal ohne. Danach schneide ich alles aus. Nun schneide ich den Apfel mit Stiel in der Mitte von unten her bis ganz knapp über die Hälfte ein. Die anderen beiden schneide ich ebenfalls ein, aber von oben her und bis zur Hälfte des Apfels. Danach stecke ich alle drei Teile ineinander, biege sie in Form und fixiere sie an einen Zahnstocher mit Kleber.

MATERIAL Fotokarton / Stift / Schere / Zahnstocher / Kleber

♥

für eine Springform von 20–24 cm Durchmesser

SCHOKOLADENKUCHEN MIT GEWÜRZBIRNEN

BIRNEN

10 kleine feste Williamsbirnen
1 Bio-Zitrone
500 ml Weißwein
100 ml brauner Zucker
1 Vanillestange
1 Zimtstange
2 Sternanis
4 Nelken

KUCHEN

120 g Zartbitterschokolade
　　(70 %)
180 g Butter
100 g Zucker
1 Vanillezucker
4 Eier
230 g Mehl
1 TL Backpulver
1 TL gemahlener Zimt
100 ml Milch

Puderzucker

Wer keine kleinen Birnen findet, kann auch größere verwenden und diese halbieren!

1　Birnen von unten her mit einem Kugelausstecher (Melonenausstecher) oder ähnlichem entkernen. Schale mit einem Sparschäler entfernen. Zitrone auspressen und mit etwas Saft die geschälten Birnen abreiben.

2　Wein mit den Gewürzen, dem übrigen Zitronensaft und der Schale in einen Topf geben. Aufkochen lassen und Birnen hineingeben. Hitze reduzieren und alles 10–15 Minuten bei geringer Hitze köcheln lassen. Alles abkühlen lassen.

Die Birnen halten sich im Weinsud ein paar Tage im Kühlschrank. Für den Kuchen bereitet man sie am besten schon am Vortag zu.

3　Schokolade im Wasserbad schmelzen und auf Raumtemperatur abkühlen lassen. Butter mit Zucker und Vanillezucker schaumig rühren. Eier nach und nach zugeben und cremig schlagen. Mehl mit Backpulver und Zimt vermischen und unter die Eimasse rühren. Milch und die geschmolzene Schokolade in den Teig geben und gut untermengen.

4　Eine Springform mit Backpapier auslegen und die Teigmasse einfüllen. Die Birnen aus dem Sud nehmen und in den Kuchen drücken. Bei 180 Grad ca. 45 Minuten backen. Mit einem Holzstäbchen testen, ob der Teig durchgebacken ist. Mit Puderzucker bestreuen.

Während des Backens werfe ich von Zeit zu Zeit einen Blick in den Ofen und rücke ggf. die Birnen „gerade"!

Sehr lecker zum Kuchen schmeckt ein Klecks Sahne. Ich verfeinere sie gern mit Vanillezucker und einem Hauch geriebener Tonkabohne. Den Kuchen kann man auch in kleinen Portionen backen. Dazu einfache Papierbackförmchen mit dem Schokoladenteig füllen und eine kleine Birne hineindrücken.
Der Birnensud eignet sich hervorragend als Grundlage für einen Birnenpunsch. Einfach mit 750 ml Weißwein und 500 ml Birnensaft auffüllen und samt Gewürzen nochmals aufkochen.

DEKO-TIPP

Für die Topper habe ich auf Packpapier Ahornblätter aufgezeichnet, sie anschließend ausgeschnitten und auf Zahnstocher geklebt.

MATERIAL　Packpapier / Stift / Schere / Kleber / Zahnstocher

für eine Tarte- oder Springform von 20–24 cm Durchmesser

PFLAUMENTARTE

TEIG

180 g Mehl
50 g gemahlene Mandeln
40 g Puderzucker
1 Pck. Vanillezucker
1 Prise Salz
130 g kalte Butter
1 Eigelb

FÜLLUNG

500 g Pflaumen
125 ml Milch
1 Ei
Mark von 1/2 Vanilleschote
2 EL Honig
2 EL gemahlene Mandeln
1 TL gemahlener Zimt

Puderzucker

PFLAUMENSOSSE

200 g Pflaumen
2 EL Rotwein
35 g Zucker
1 Prise gemahlener Zimt
1/2 Vanilleschote
1 TL Speisestärke

1   Mehl in eine Schüssel sieben. Mandeln, Puderzucker, Vanillezucker und Salz hinzufügen. Butter würfeln und zusammen mit dem Eigelb zum Teig geben. Alles zu einem glatten Mürbteig verarbeiten. In Frischhaltefolie einwickeln und ca. 1 Stunde im Kühlschrank ruhen lassen.

2   Auf einer bemehlten Arbeitsfläche den Teig möglichst rund ausrollen. Eine Tarte- oder Springform einfetten und den Teig auf dem Boden auslegen. Im Backofen bei 180 Grad 8 Minuten blind backen.

3   Für die Füllung Pflaumen entsteinen und vierteln, größere Pflaumen achteln. Milch mit Ei, dem Mark der Vanilleschote, Honig, gemahlenen Mandeln und Zimt glattrühren. Löffelweise den Teigboden damit befüllen. Pflaumen auf die Masse geben und im Backofen bei 180 Grad weitere 25 Minuten backen.

4   Aus dem Backofen nehmen und mit Puderzucker bestäuben.

Schmeckt immer – warm oder kalt.

Wer will, kann noch einen Klecks selbstgemachte Pflaumensoße dazureichen:

5   Pflaumen vierteln und entsteinen. Zusammen mit Rotwein, Zucker, Zimt, dem Mark der Vanilleschote und der Schote in einen Topf geben und aufkochen lassen. Den Sud ca. 4 Minuten bei reduzierter Hitze einkochen lassen. Vanilleschote entfernen.

6   Speisestärke mit etwas Wasser anrühren und in die Soße einrühren. Nochmals alles ganz kurz aufkochen lassen und anschließend pürieren.

Die Soße hält sich bis zu 3 Tagen im Kühlschrank.

DEKO-TIPP

Meine Tarte habe ich mit selbstgebastelten Dahlien aus Papier verziert.
(siehe Folgeseite)

PAPIER-DAHLIEN

MATERIAL

farbiges Tonpapier
Schere
Heiß- oder Bastelkleber
Holzstäbchen oder Lollystiel
evtl. Lineal und Bleistift

1 Am besten eignet sich dafür leichtes Tonpapier, das man in kleine Quadrate von 4 x 4 cm schneidet. Jedes der Quadrate rollt man von einer Ecke her auf und fixiert die Ränder mit Heiß- oder Bastelkleber. Diesen Vorgang wiederholt man so oft, bis die Blütenblätter für eine Dahlie ausreichen. Die Anzahl der Blätter kann variieren, je nachdem wie groß und wie gefüllt die Dahlie werden soll.

Zum Aufrollen und Aufkleben eignet sich am besten ein Stück Backpapier als Unterlage.

2 Um die Dahlie fertigzustellen, schneidet man aus dem gleichen Tonpapier einen Kreis aus. In meinem Fall hat der Kreis ca. 3 cm Durchmesser. Manchmal fällt er auch größer aus, allerdings wird dann die Dahlie auch insgesamt größer und benötigt mehr „Blütenblätter".

3 Die Röllchen klebt man jeweils mit der Spitze am Kreisrand entlang fest. Zwischen den Röllchen sollte ein bisschen Abstand sein, damit sich die zweite Reihe besser mit ihnen verzahnen kann. Auch die dritte Reihe wird wieder versetzt gesteckt usw. Zum Schluss fixiert man auf der Rückseite ein Holzstäbchen oder einen Lollystiel.

🍎🍎🍎 *für eine Springform von 20-24 cm Durchmesser*

WEISSER SCHOKOLADENKUCHEN MIT KARDAMOM UND ÄPFELN

100 g weiße Schokolade
250 g Butter
120 g Zucker
4 Eier
Mark von 1 Vanilleschote
220 g Mehl
100 g gemahlene Mandeln
1 TL Backpulver
½ TL gemahlener Kardamom
1 TL gemahlener Zimt
3 EL Milch
2–3 mittelgroße oder große Äpfel

Puderzucker

1 Schokolade in heißem Wasserbad schmelzen und etwas abkühlen lassen. Butter mit Zucker schaumig schlagen. Eier zugeben und mit dem Mark der Vanilleschote verrühren. Schokolade untermengen. Mehl mit Mandeln und Backpulver vermischen und ebenfalls unterrühren. Mit Gewürzen und Milch zu einem glatten Teig verarbeiten.

2 Eine Springform einfetten, den Teig einfüllen und glattstreichen. Äpfel schälen, achteln und entkernen. Den Teig mit den Äpfeln belegen und diese leicht andrücken.

3 Bei 180 Grad ca. 50–55 Minuten backen. Mit einem Holzstäbchen testen, ob der Teig durchgebacken ist. Ggf. die Backzeit etwas erhöhen. Abkühlen lassen und mit Puderzucker bestäuben.

Für eine 20er Springform reichen 2 Äpfel, für eine 24er benötigt man mindestens 3 Äpfel.

MARONEN-NUSS-TORTE

für eine Springform von 16–20 cm Durchmesser

TEIG

250 g Zartbitterschokolade
   (70 %)
4 Eier
150 g weiche Butter
100 g Zucker
150 g Maronencreme
Mark von 1 Vanilleschote
100 g gemahlene Haselnüsse
50 g Speisestärke
1 TL Backpulver
2 TL Kirschwasser

FÜLLUNG

250 g Mascarpone
50 g Maronencreme
150 g Sahne
2 Pck. Vanillezucker

FROSTING

300 g Butter (Raumtemperatur)
4 EL Sahne
250 g gesiebter Puderzucker
1 Pck. Bourbon-Vanillezucker

1 Schokolade im Wasserbad schmelzen und auf Raumtemperatur abkühlen lassen. Eier trennen. Eiweiß steif schlagen. In einer getrennten Schüssel Butter mit Eigelb und Zucker schaumig schlagen. Maronencreme und das Mark der Vanilleschote hinzufügen und weiterrühren. Nüsse, Speisestärke und Backpulver mischen und unter die Eimasse rühren. Eiweiß unterheben und zum Schluss das Kirschwasser einrühren.

2 Eine Springform einfetten und den Boden mit Backpapier auslegen. Den Teig einfüllen. Bei 180 Grad im vorgeheizten Backofen ca. 1 Stunde backen. Mit dem Holzstäbchen testen, ob der Teig durchgebacken ist.

3 Abkühlen lassen und ein- bis zweimal waagrecht durchschneiden.

4 Für die Füllung den Mascarpone mit der Maronencreme verrühren. Sahne mit Vanillezucker steif schlagen und unter die Mascarponecreme heben. Auf den Tortenböden verteilen und danach die Böden übereinanderschichten.

5 Für das Frosting die Butter mit Sahne, Puderzucker und Vanillezucker glattrühren. Den Großteil der Masse auf die Torte streichen. Den Rest in einen Spritzbeutel mit Sterntülle füllen und damit Rosenformen auf die Torte spritzen.

for ca. 10 Stück

ORANGEN-GEWÜRZDONUTS

DONUTS

330 g Mehl
40 g Zucker
125 ml lauwarme Milch
20 g frische Hefe
30 g flüssige Butter
1 Ei
2 EL Quark (40 %)
1 TL gemahlener Zimt
1/2 TL gemahlener Kardamom
1/2 TL Ingwerpulver
1 Msp. Nelkenpulver
1 Pck. Bourbon-Vanillezucker
1 TL Abrieb einer Bio-Orange

1 l neutrales Pflanzenöl

GLASUR

200 g gesiebter Puderzucker
6 EL Orangensaft

1 Einen Hefeteig herstellen. Dafür Mehl mit Zucker in eine Schüssel sieben und eine Mulde hineinformen. Milch erwärmen und Hefe in eine Tasse bröseln. Milch darüber geben und glattrühren. Die Milch in die Mulde geben. Zugedeckt an einem warmen Ort ca. 20 Minuten gehen lassen. Danach die übrigen Zutaten zugeben und mit den Knethaken des Handrührers zu einem glatten Teig verarbeiten. Den Hefeteig nochmals an einem warmen Ort ca. 1 Stunde gehen lassen, bis sich das Volumen verdoppelt hat.

2 Anschließend den Teig gut durchkneten und auf einer bemehlten Arbeitsfläche ungefähr 1,5 cm dünn ausrollen. Mit einem Ausstecher ca. 9 cm große Kreise ausstechen. In der Mitte mit einem kleineren Kreisausstecher Kreise ausstechen.

3 Die Donuts auf ein mit Backpapier ausgelegtes Backblech legen. Mit einem Küchentuch abdecken und nochmals 20 Minuten ruhen lassen.

4 In der Zwischenzeit Öl in einem hohen Topf erhitzen. Mit einem Holzstäbchen die Temperatur testen. Wenn beim Hineintauchen kleine Bläschen emporsteigen, ist es genau richtig. Donuts nacheinander von beiden Seiten im heißen Öl ausbacken, bis sie schön goldbraun sind. Abkühlen lassen.

5 Aus Puderzucker und Orangensaft eine glatte Glasur anrühren und mit einem Löffel oder Pinsel auf die Donuts streichen.

Die Donuts lassen sich mit Zuckerstreuseln hübsch dekorieren. Wer die Glasur farbig haben möchte, gibt einfach etwas Lebensmittelpaste hinein.

Meine Kinder lieben auch die Variante mit Schokolade. Dafür wälze ich die noch warmen Donuts in einem Gemisch aus Zucker und Zimt oder bestreiche sie nach dem Abkühlen mit Schokoladenglasur.

MMH…

DONUTS

für eine Guglhupfform von 22 cm Durchmesser

KÜRBISKUCHEN

500 g Hokkaido-Kürbis
   (ergibt 400 g Püree)
230 ml neutrales Pflanzenöl
120 g Zucker
1 Pck. Vanillezucker
4 Eier
250 g Mehl
1 TL Backpulver
2 TL gemahlener Zimt
1/2 TL gemahlener Ingwer
1/2 TL gemahlene Nelken
1 Prise Salz

Puderzucker

1 Kürbis waschen, vierteln, entkernen und in kleinere Stücke schneiden. In einem Topf mit Wasser gar kochen, absieben und pürieren. Ein wenig abkühlen lassen.

2 Öl in eine Schüssel geben und mit Zucker und Vanillezucker verrühren. Die Eier zugeben und cremig rühren. Mehl mit Backpulver, Gewürzen sowie Salz vermischen und unter die Masse rühren.

3 Eine Guglhupfform einfetten und die Teigmasse einfüllen. Im vorgeheizten Backofen bei 180 Grad 55–60 Minuten backen. Mit einem Holzstäbchen testen, ob der Teig durchgebacken ist.

4 Mit Puderzucker bestäuben.

für ein Backblech mit den Maßen 23 x 29 cm

BIRNEN-ZIMT-SCHNITTEN

180 g weiche Butter
120 g brauner Zucker
1 Pck. Bourbon-Vanillezucker
4 Eier
220 g Mehl
1 TL Backpulver
100 g gemahlene Mandeln
1 TL gemahlener Zimt
4 EL Milch
1 EL brauner Rum
250 g reife aber nicht zu
   weiche Birnen

Puderzucker
Vanillezucker
gemahlener Zimt

gesäuberte und gepresste
   Laubblätter

1 Butter mit Zucker und Vanillezucker schaumig schlagen. Eier nach und nach zugeben und cremig rühren. Mehl mit Backpulver, Mandeln und Zimt vermischen und unterrühren. Milch und braunen Rum ebenfalls untermengen. Das Kerngehäuse und den Stiel von den Birnen entfernen und sie dann in größere Würfel schneiden. Ebenfalls unter den Teig heben.

2 Ein Backblech einfetten und den Teig gleichmäßig darauf streichen. Bei 180 Grad im vorgeheizten Backofen 20–25 Minuten backen. Mit dem Holzstäbchen testen, ob die Schnitten schön durchgebacken sind. Abkühlen lassen.

3 Vor dem Servieren mit einem Gemisch aus Puderzucker, Vanillezucker und Zimt bestäuben.

Damit die Schnitten schön herbstlich aussehen, belege ich sie vor dem Bestauben mit gepressten Laubblättern.

RUND-UM-DIE
WELT-PARTY

NACH DEN SOMMERFERIEN LADEN WIR GERNE EIN PAAR UNSERER FREUNDE EIN, UM UNSERE URLAUBSEINDRÜCKE AUS-ZUTAUSCHEN UND GEMEINSAM IN ERINNERUNGEN ZU SCHWELGEN. ZU DIESEM ANLASS DEKORIERE ICH DEN TISCH MIT REISEMOTIVEN UND ZAUBERE FÜR UNSEREN SWEETTABLE LECKEREIEN AUS VERSCHIEDENEN LÄNDERN.

DEKO INTERNATIONAL

Um der Party den passenden Hintergrund zu geben, habe ich aus selbstklebender Dekorfolie Wahrzeichen einiger Städte ausgeschnitten: typische Giebelhäuser aus Amsterdam, den Londoner Big Ben oder das London Eye, die New Yorker Skyline, den Pariser Eiffelturm oder den Triumphbogen. Die Vorlagen dazu stammen aus dem Internet, ich habe sie einfach auf die Folie übertragen, ausgeschnitten und an die Wand geklebt.

Normalerweise lässt sich Dekorfolie problemlos wieder von der Wand lösen.

Um das Prinzip der Silhouetten fortzusetzen, habe ich auch aus Fotokarton Wahrzeichen ausgeschnitten und sie auf dem gedeckten Tisch ausgelegt. Die Milchfläschchen und Gastgeschenke – kleine runde Schachteln, die eigentlich für Eiscreme vorgesehen sind – habe ich ebenso mit witzigen Städtedetails und Wahrzeichen wie dem Berliner Alex, der venezianischen Seufzerbrücke etc. aus Dekorfolie beklebt. Um die einzelnen Motive hervorzuheben und die Gesamtwirkung zu beruhigen, habe ich mich im Farbschema auf ein schlichtes Schwarz-Weiß beschränkt.

Auch die Süßigkeiten sind je nach Herkunft mit typischen Wahrzeichen verziert. Die französischen Madeleines schmücken Toppers mit Eiffeltürmen, die ich aus Fotokarton ausgeschnitten und auf Zahnstocher geklebt habe. Für die portugiesischen Pastéis de Nata habe ich den Torre de Belém ausgewählt und für den NY Cheesecake die Wolkenkratzer der New Yorker Skyline. Diese habc ich aufgezeichnet, ausgeschnitten und auf einen Bakers-Twine geklebt, den ich an zwei große Holzstäbchen gebunden habe. Auf den Kuchen gesetzt, geben sie einen prima Cake-Topper ab.

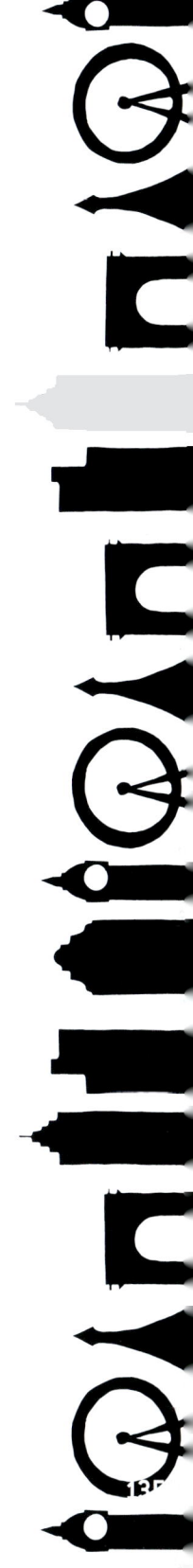

für 12 Stück

PASTÉIS DE NATA

270 g Blätterteig
   (als Rolle aus dem Kühlregal)
500 ml Milch
1 Vanilleschote
180 g Zucker
2 EL Speisestärke
5 Eigelb
1 Ei
12 TL brauner Zucker

1 Blätterteig mit einem Nudelholz dünn ausrollen. Kreise mit einem Durchmesser von ca. 10 cm ausstechen. Ein Muffinblech einfetten und die Blätterteigkreise darauf verteilen. Bis zur weiteren Verarbeitung im Kühlschrank kühlstellen.

2 In einem Topf die Milch mit dem ausgekratzten Mark der Vanilleschote samt Schote und Zucker verrühren. Speisestärke einrühren und alles aufkochen lassen. Abkühlen lassen und Schote entfernen. Eigelbe und Ei einrühren und alles zu einer glatten Masse verrühren.

3 Die Masse mit einem Esslöffel auf die Blätterteigböden geben und im vorgeheizten Backofen bei 180 Grad 12 Minuten backen. Jedes Törtchen mit 1 Teelöffel braunem Zucker bestreuen und unter dem Backofengrill bei 150 Grad weitere 2–3 Minuten karamellisieren.

MADELEINES
für 18 Stück

TEIG
120 g weiche Butter
70 g Zucker
1 Pck. Bourbon-Vanillezucker
1 Prise Salz
3 Eier
170 g Mehl
1 TL Backpulver
1 TL Abrieb einer Bio-Orange

GLASUR
90 g Puderzucker
2 EL Orangensaft

1   Butter mit Zucker, Vanillezucker und Salz schaumig schlagen. Eier nach und nach zugeben und cremig rühren. Mehl mit Backpulver vermischen und zusammen mit den Zesten der Orange unterrühren.

2   Madeleineförmchen einfetten und mit einem Teelöffel den Teig hineingeben. Die Madeleines im vorgeheizten Backofen bei 180 Grad 20 Minuten backen. Aus der Form lösen und abkühlen lassen.

3   Für die Glasur den Puderzucker mit dem Orangensaft glattrühren und mit einem Pinsel die Madeleines bestreichen.

NY CHEESECAKE

BODEN
120 g Butterkekse
3 EL zerlassene Butter
1 EL Puderzucker

FÜLLUNG
200 g Sahne
180 g Zucker
3 Eier
525 g Doppelrahmfrischkäse
Mark von 1 Vanilleschote

TOPPING
200 g Schmand
4 EL Puderzucker
1 EL Zitronensaft

1 Butterkekse in einen Gefrierbeutel füllen und ganz fein zerbröseln. Mit zerlassener Butter und Puderzucker mischen und auf den Boden einer gefetteten und mit Backpapier ausgelegten Springform geben. Mit einem Löffel die Keksbröselmischung gleichmäßig verteilen und festdrücken.

2 Für die Füllung die Sahne mit dem Zucker steif schlagen. Eier trennen. Frischkäse mit dem Mark der Vanilleschote und dem Eigelb cremig rühren. Eiweiß steif schlagen. Die Sahne mit der Frischkäsecreme vermischen und zum Schluss das Eiweiß unterheben. Masse auf dem Boden verteilen und nach oben hin zum Rand ca. 1 cm übrig lassen, also nicht ganz auffüllen.

BACKVARIANTE 1
Klassischerweise wird NY Cheesecake im Wasserbad gebacken. So entstehen auf dem Käsekuchen keine Risse. Wer den Kuchen auf diese Weise backen möchte, muss unbedingt darauf achten, dass die Springform dicht geschlossen ist. Am besten mit viel Alufolie abdichten. Ein tiefes Backblech 2–3 cm mit Wasser füllen und die abgedichtete Form zum Backen hineinstellen.

BACKVARIANTE 2
Man kann den Kuchen aber auch ganz normal im Backofen backen. Falls Risse entstehen sollten, werden diese später durch das Topping optisch verschwinden.

3 Backofen bei 180 Grad vorheizen. Hitze auf 160 Grad reduzieren und den Kuchen darin ca. 60–70 Minuten backen. Die Konsistenz kann nach dem Backen leicht wabbelig sein, das wird sich aber nach dem Kühlen von selbst geben. Kuchen mehrere Stunden bei Zimmertemperatur abkühlen lassen. Anschließend für einige Stunden in den Kühlschrank geben.

4 Für das Topping den Schmand mit Puderzucker und Zitronensaft glattrühren. Zum Servieren das Frosting auf dem Kuchen verteilen.

139

FÜR MEINE KLEINE HERBSTFEIER ZAUBERE ICH GERN EINEN SWEETTABLE UND DECKE IHN IM FARBSCHEMA MINT, WEISS UND GOLD. BESONDERS GUT MACHEN SICH DARAUF GEPRESSTE LAUBBLÄTTER, DIE ICH MIT GOLDENEM SPRÜHLACK EINSPRÜHE. ALS UNTERSETZER FÜR DIE BECHER VERWENDE ICH BIRKENASTSCHEIBEN AUS DEM FLORISTIKBEDARF. SIE PASSEN PRIMA ZU DEN STROHHALMEN MIT BIRKENPRINT UND DEN PLÄTZCHEN IN LAUBBLATT- UND APFELFORM, DIE ICH AUF DEN TELLERN UND AUF DEM TISCH VERTEILE.

MMH...

für 12 Trüffel

SCHOKOLADEN- ERDNUSSBUTTER- TRÜFFEL

180 g Zartbitterschokolade
   (70 %)
120 g cremige Erdnussbutter
50 g Zucker

150 g Sahne
150 g Zartbitterschokolade
   (50 %)
1 EL Butter
2 TL Zucker

1   Ein Muffinblech mit Papierförmchen auslegen. Zartbitterschokolade (70 %) im Wasserbad schmelzen. Je 2 Esslöffel davon in jedes Papierförmchen geben und dabei die Schokolade auch etwas über den Rand ziehen und nach oben verstreichen.

2   Nun die Erdnussbutter mit dem Zucker glattrühren und je 1 Esslöffel davon auf die Schokolade setzen. Ein wenig glattstreichen.

3   Sahne in einem Topf leicht erwärmen. Schokolade (50 %) darin schmelzen und mit Butter und Zucker glattrühren. Leicht abkühlen lassen und ebenfalls auf die Papierförmchen verteilen.

4   Im Kühlschrank mindestens 4 Stunden (am besten über Nacht) kühlstellen.

Nun noch einen herbstlichen Apfelhelis (siehe Seite 146) darauf und fertig ist der Trüffel!

MARMOR-ESPRESSOTORTE MIT SCHOKOLADENFROSTING

SCHOKOLADENBAISERS

2 Eiweiß
Prise Salz
140 g Zucker
1 Pck. Vanillezucker
1 1/2 TL Speisestärke
1/2 TL Weißweinessig
1 EL Kakaopulver

TEIG

4 Eier
1 Prise Salz
180 g weiche Butter
110 g Zucker
220 g Mehl
1 TL Backpulver
100 ml Milch
Mark von 1 Vanilleschote
10 g Kakao

FÜLLUNG

3 EL starker Espresso
2 Blatt Gelatine
200 g Sahne
1 Pck. Vanillezucker
150 g Mascarpone
1 EL Zucker

FROSTING

100 g Zartbitterkuvertüre
150 g Sahne
1 Pck. Vanillezucker
250 g weiche Butter
150 g Puderzucker
15 g Kakao

TORTENGUSS

1/2 Tasse Candy Melts
1 EL Palmin

1   Für die Schokoladenbaisers Eiweiß mit dem Salz steif schlagen. Zucker und Vanillezucker einrühren und noch weiter aufschlagen, bis das Eiweiß schön glänzt. Speisestärke, Essig und Kakao unterrühren. Alles in einen Spritzbeutel mit Lochtülle (ca. 8 mm) füllen. Backblech mit Backpapier belegen und kleine Tupfen aufspritzen. Im vorgeheizten Backofen bei 100 Grad 30 Minuten backen. Danach weitere 10 Minuten im ausgeschalteten Ofen ruhen lassen. Die Baisers sollten sich leicht vom Backpapier lösen lassen und nicht mehr festkleben!

2   Für den Teig die Eier trennen. Eiweiß mit Salz steif schlagen. In einer zweiten Schüssel Butter mit Eigelb und Zucker schaumig schlagen. Mehl mit Backpulver mischen und unterrühren. Milch in die Masse einrühren. Eiweiß unterheben.

3   Den Teig in zwei gleichgroße Portionen teilen und in getrennte Schüsseln geben. In die eine Hälfte des Teigs das Mark der Vanilleschote einrühren, in die andere das Kakaopulver. Eine Springform einfetten und mit Backpapier auslegen. Abwechselnd den dunklen und den hellen Teig hineinschichten, am besten esslöffelweise. Anschließend mit einem Holzstäbchen kreisförmig durch den Teig fahren, bis er marmoriert ist.

4   Im vorgeheizten Backofen bei 180 Grad 60 Minuten backen. Mit einem Holzstäbchen testen, ob der Teig schon durchgebacken ist.

5   Abkühlen lassen und zweimal waagrecht durchschneiden.

6   Für die Füllung den Espresso aufbrühen und abkühlen lassen. Gelatine nach Packungsanweisung einweichen. Sahne mit Vanillezucker steif schlagen. Mascarpone mit Espresso und Zucker cremig rühren. Sahne unterheben. Gelatine ausdrücken und in einem kleinen Töpfchen erhitzen. Wenn sie flüssig ist, zügig unter die Creme rühren. Creme auf den Tortenböden verteilen und diese übereinanderschichten.

7   Für das Frosting die Kuvertüre im Wasserbad erhitzen und auf Raumtemperatur abkühlen lassen. Sahne mit Vanillezucker steif schlagen. Butter mit Puderzucker und Kakao cremig rühren. Sahne zugeben und zum Schluss die Schokolade einrühren. Alles auf der Torte verteilen und glattstreichen.

8   Für den Tortenguss weiße Candy Melts mit Palmin im heißen Wasserbad schmelzen. Kurz abkühlen lassen und auf dem Schokoladenfrosting der Torte verteilen. Die Masse oben glattstreichen und leicht über den Rand der Torte verlaufen lassen. Abkühlen lassen. Mit Schokoladenbaisers belegen.

für 4 Portionen

APFELTIRAMISU

400 g Äpfel (z. B. Boskop)
1 Zimtstange
1 Vanilleschote
2 EL brauner Zucker
6 EL Apfelsaft

100 ml starker Kaffee oder
Espresso
100 g Sahne
3 EL Zucker
250 g Mascarpone
100 g Löffelbiskuits

Zimtpulver

1   Äpfel schälen, entkernen und kleinschneiden. In einem Topf Apfelstücke mit Zimtstange, dem ausgekratzten Mark der Vanilleschote und der Schote, Zucker und Apfelsaft aufkochen und 4 Minuten köcheln lassen. Zimtstange und Vanilleschote entfernen und abkühlen lassen.

2   Kaffee aufkochen. Sahne mit 1 Esslöffel Zucker steif schlagen. Mascarpone mit dem restlichen Zucker cremig rühren. Sahne unterheben. Löffelbiskuits hälftig auseinanderbrechen und jeweils eine Seite kurz in den Kaffee tunken. Dann der Reihe nach die Komponenten in ein hohes Glas schichten. Zuerst die Löffelbiskuits, dann die Creme, danach das Apfelkompott und so weiter, bis das Glas fast voll ist.

3   Ein wenig Creme oben darauf spritzen und mit Zimt bestreuen.

DEKO-TIPP

Zum Schluss garniere ich jedes Glas mit einem Keks in Apfelform *(siehe Folgeseite)*.

145

für mindestens 30 Stück

HERBSTLICHE APFEL- ODER LAUBBLÄTTERKEKSE

100 g gemahlene Mandeln
100 g gesiebtes Mehl
70 g gesiebter Puderzucker
40 g geriebenes Marzipan
150 g kalte Butter
1 Pck. Bourbon-Vanillezucker
1 Prise Zimt
1 Eigelb

evtl. weißes Fondant und
etwas Fruchtgelee
(idealerweise Quittengelee)

1 Mandeln mit Mehl und Puderzucker in eine Schüssel geben. Geriebenes Marzipan, kalte Butter, Vanillezucker, Zimt und das Eigelb hinzugeben. Alles zu einem glatten Mürbteig verkneten. In Frischhaltefolie wickeln und ca. 1 Stunde im Kühlschrank kaltstellen.

2 Eine Arbeitsfläche bemehlen. Den Teig ca. 3 mm dünn ausrollen und mit Keks-ausstechern Apfel- und Laubblattformen ausstechen. Ein Backblech mit Backpapier belegen und die Kekse darauf verteilen. Im vorgeheizten Backofen bei 180 Grad ca. 8–10 Minuten backen. Sofort nach dem Backen Backpapier mit den Plätzchen vom heißen Blech ziehen. Abkühlen lassen.

3 Nach Wunsch mit Fondant verzieren. Dazu das Fondant dünn ausrollen, am besten geht das zwischen zwei Gefrierbeuteln. Die Motive mit Plätzchenformen ausstechen und mit einer dünnen Schicht Gelee auf den Keksen fixieren.

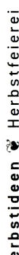

AN EINEM HERBSTMORGEN, WENN ES DRAUSSEN NOCH NEBLIG IST, WILL MAN DEN TAG AM LIEBSTEN GEMÜTLICH BEGINNEN. IN SOLCHEN STUNDEN FREUEN WIR UNS IMMER AUFS WOCHENENDE, DENN HIER BIETET SICH DIE WUNDERSCHÖNE GELE- GENHEIT, MIT DER FAMILIE ODER FREUNDEN AUSGIEBIG ZU FRÜHSTÜCKEN. DEN TISCH DECKEN WIR DANN DER JAHRESZEIT ENTSPRECHEND EIN BISSCHEN HERBSTLICH. PERFEKT ZUM HERBST PASSEN DIE FRÜHSTÜCKSBRETTCHEN MEINER TÖCHTER, DIE WIE WOLKEN GEFORMT SIND.

MÜSLIGLÄSER

MATERIAL
Buchstabenaufkleber
Weck- oder Einmachgläser

Die Namen unserer Gäste schreibe ich mit Buchstabenaufklebern aus dem Schreib- warenbedarf auf Einmachgläser. So findet jeder Gast schnell seinen Platz und hat auch schon sein persönliches Müsli-Glas parat!

ORIGAMI-TOPPER

MATERIAL
farbiges Tonpapier in den Maßen
    5 x 5 cm oder 4 x 4 cm
Heiß- oder Bastelkleber
Zahnstocher
Lineal
Schere

Als Topper für Pancakes (siehe Seite 152) falte ich Origamiblätter. Sie sind ganz schnell und einfach gemacht:
Man nimmt sich ein quadratisches Stück Tonpapier in der gewünschten Farbe, faltet es einmal diagonal und schneidet es so durch, dass sich 2 Dreiecke ergeben. Danach faltet man das Dreieck von der breiten Seite her wie eine Ziehharmonika. Wenn das ganze Dreieck gefaltet ist, knickt man das Ganze einmal in der Mitte und schneidet die oberste Spitze knapp ab.
Mit einem Heiß- oder Bastelkleber fixiert man die Innenseiten, drückt sie aneinander und lässt sie trocknen. Danach braucht man nur noch das Blatt in Form zu bringen und an einen Zahnstocher zu kleben. Fertig!

HOLZGABELN

MATERIAL
Holzgabeln
Lebensmittelpaste
weißer Textmarker

Die Holzgabeln färbe ich mit Lebensmittelpaste ein. Dazu fülle ich ein Glas ungefähr bis zur Hälfte mit warmem Wasser und rühre Lebensmittelpaste in der gewünschten Farbe ein. Anschließend tauche ich die Holzgabeln ein, warte ein paar Sekunden, nehme sie wieder heraus und lasse sie trocknen. Zum Schluss schreibe ich mit einem wei- ßen Textmarker die Namen darauf.

Die Gabeln sollte man nicht zu lange ins Wasser tauchen, weil sie sich sonst verformen. Lebensmittelpaste färbt allerdings relativ schnell und stark. Wem das Ergebnis dennoch zu schwach ist, der sollte einfach mehr Paste ins Glas rühren. Je mehr Paste, desto intensiver die Farbe.

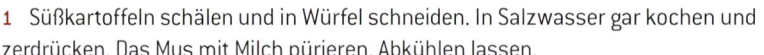

für ca. 12 Stück

FRÜHSTÜCKSMUFFINS MIT SÜSSKARTOFFELN

160 g Süßkartoffeln
200 ml Milch
2 Eier
50 g neutrales Pflanzenöl
50 g Zucker
1 Prise Salz
230 g Mehl
1 TL Backpulver
½ TL gemahlener Zimt
80 g kernige Haferflocken
1 geraspelter Apfel (ca. 125 g)
1 EL getrocknete Cranberries

griechischer Joghurt
Honig
frische Feigen

1 Süßkartoffeln schälen und in Würfel schneiden. In Salzwasser gar kochen und zerdrücken. Das Mus mit Milch pürieren. Abkühlen lassen.

2 Eier mit Öl, Zucker und Salz cremig rühren. Das Kartoffelpüree unterrühren. Mehl mit Backpulver, Zimt und Haferflocken vermischen und unter die Eimasse rühren. Den Apfel grob raspeln und gemeinsam mit den getrockneten Cranberries in den Teig rühren.

3 Ein Muffinblech mit Papierförmchen auslegen und mit dem Teig befüllen. Im vorgeheizten Backofen bei 180 Grad ca. 25–30 Minuten backen. Mit einem Holzstäbchen testen, ob der Teig durchgebacken ist. Abkühlen lassen.

Frühstücksmuffins lassen sich sehr gut bereits am Vortag zubereiten. Mit einem Klecks griechischem Joghurt, Honig und frischen Feigen schmecken die Muffins besonders gut.

DEKO-TIPP

Für die Toppers werden Laubblätter mit dem Stanzer ausgestochen und auf Holzstäbe geklebt.

für mindestens 4 Portionen

KNUSPERMÜSLI

300 g kernige Haferflocken
150 g Haselnüsse, blanchierte
    Mandeln und Pekannüsse
2 TL gemahlener Zimt
3 EL neutrales Pflanzenöl
2 EL Kokoschips

1 Alle Zutaten gemeinsam in eine Schüssel geben und gut durchmischen. Ein Backblech mit Backpapier auslegen und darauf die Müslimasse sehr flach verteilen.

2 Bei 180 Grad im vorgeheizten Backofen 20 Minuten rösten. Zwischendurch immer wieder mal durchrühren, damit alles rundum knusprig wird und nichts anbrennt.

Das Müsli hält sich in einer Dose verschlossen einige Tage! Zum Süßen eignet sich sehr gut Honig.

Das Müsli schmeckt mit Früchten und einem selbst angerührten Vanillejoghurt besonders gut. Dazu nimmt man einen einfachen Joghurt und rührt das Mark einer Vanilleschote hinein.

VANILLE-ZIMT-PANCAKES MIT KONDENSMILCH

2 Eier
1 Prise Salz
1 EL Zucker
Mark von 1 Vanilleschote
1 TL Zimt
80 ml Kondensmilch (10 %)
100 ml Milch
175 g Mehl
1 TL Backpulver

Pflanzenöl zum Ausbacken
Puderzucker
griechischer Joghurt

1   Eier trennen. Eiweiß mit Salz steif schlagen. In einer zweiten Schüssel Eigelb mit Zucker cremig rühren. Das Mark der Vanilleschote und den Zimt zugeben. Kondensmilch und Milch unterrühren. Das Mehl mit dem Backpulver vermischen und hinzufügen. Alles gut verrühren. Das Eiweiß unterheben.

2   Pflanzenöl in einer Pfanne erhitzen und die Pancakes darin ausbacken, bis sie schön goldgelb sind.

3   Auf Küchenkrepp abtropfen lassen. Die Pancakes zum Servieren mit Puderzucker bestäuben und mit einem Klecks griechischem Joghurt versehen.

Zu den Pancakes passt ein Bratapfelkompott (siehe Folgeseite) sehr gut.

für 1 Glas à ca. 250–300 ml

BRATAPFELKOMPOTT

2 große Äpfel
1 EL Zucker
50 ml Apfelsaft
1 Zimtstange
1 Vanilleschote

1   Äpfel schälen, vom Kerngehäuse befreien und in kleine Würfel schneiden. Zucker in einen Topf geben und karamellisieren. Äpfel zugeben, umrühren und sofort mit Apfelsaft ablöschen.

2   Zimtstange, das Mark der Vanilleschote und die Schote hinzufügen und alles ca. 3 Minuten köcheln lassen. Zimtstange und Vanilleschote entfernen. Abkühlen lassen.

KINDER GEBURTSTAG

Herbstideen ● Kindergeburtstag

RAFFINIERTE IDEEN FÜR DEN TISCH

Passend zur Tischdekoration habe ich das Zimmer mit vielen bunten Wabenbällen geschmückt. Einige davon sehen aus wie Luftballons, weil ich sie vor dem Auseinanderklappen in Form geschnitten habe. Das geht ganz einfach: Zuerst zeichnet man mit einem Stift die Umrisse eines Luftballons vor und schneidet die Konturen mit einer Schere nach. In der Mitte fixiert man mit Bastelkleber eine Schnur und lässt sie unten raushängen. Bei den Mini-Wabenbällen bin ich genauso vorgegangen. Allerdings habe ich hier die Schnur durch ein Holzstäbchen ersetzt, um die kleinen Luftballons als Topper für unsere Süßigkeiten zu verwenden.

Wer die Wabenbälle anhängen möchte, lässt die Schnur oben und unten raushängen.

Als Tischdecke habe ich einen Rest Tapete verwendet und darauf verschieden gemusterte Pappteller gelegt. Damit jedes Kind weiß, wo es sitzt, habe ich die Plätze mit den Namen der kleinen Gäste versehen.

Auf den Tellern reihen sich Butterplätzchen, die ich in Buchstabenform ausgestochen und gebacken habe.

Auch die Trinkbecher sind mit Namen markiert. Dafür habe ich Nostalgie-Wäscheklammern mit Acryllack eingepinselt und nach dem Trocknen mit goldfarbigem Textmarker beschriftet und bemalt.

Die Mitgebboxen sind Eisbecher mit Deckel, an die ich selbstgemachte Wollbommel und kleine Federn aus Fotokarton gebunden habe. Auch hierauf stehen die Namen der Kinder.

Für unseren Sweettable habe ich viele Leckereien gebacken: **eine Schokoladentorte, Bananen-Ricotta-Gugls mit Funfetti-Popcorn und Baisernestchen mit Süßigkeiten.**

ZWEIERLEI SCHOKOLADENTORTE
MIT BAISERTUPFEN

BAISERS

2 Eiweiß
1 Prise Salz
150 g Zucker
1 TL Speisestärke
1/2 TL Weißweinessig
etwas Lebensmittelpaste
   in Rosa

BISKUIT

4 Eier
1 Prise Salz
130 Zucker
100 g Mehl
100 g Speisestärke
1 TL Backpulver
20 g Kakao
4 EL Milch

FÜLLUNG

70 g weiße Schokolade
   (gute Qualität)
250 g Mascarpone
1 EL Zucker
200 g Sahne
2 Pck. Vanillezucker

dunkle Kuchenglasur

1   Für die Baisers Eiweiß mit Salz steif schlagen. Zucker einrühren und die Masse noch weiter aufschlagen, bis das Eiweiß schön glänzt. Speisestärke, Essig und Lebensmittelpaste unterrühren. Alles in einen Spritzbeutel mit Lochtülle (ca. 8 mm) füllen.

2   Ein Backblech mit Backpapier auslegen und kleine Tupfen aufspritzen. Im Backofen bei 100 Grad 30 Minuten backen. Danach weitere 10 Minuten im ausgeschalteten Ofen ruhen lassen. Die Baisers sollten sich leicht vom Backpapier lösen lassen und nicht mehr festkleben!

3   Einen Biskuitteig herstellen. Dafür Eier trennen. Eiweiß mit Salz steif schlagen. Eigelb mit Zucker sehr cremig rühren. Restliche Zutaten mit Ausnahme der Milch mischen und in die Eigelbcreme sieben. Milch dazugeben und zum Schluss Eiweiß unterheben.

4   Eine Backform einfetten und den Teig einfüllen. Im Backofen bei 180 Grad ca. 30 Minuten backen. Die Backzeit kann je nach Backformgröße unterschiedlich ausfallen. Deshalb mit dem Holzstäbchen testen, ob der Teig durchgebacken ist. Abkühlen lassen.

5   Für die Füllung weiße Schokolade im Wasserbad schmelzen. Abkühlen lassen und mit Mascarpone und Zucker cremig rühren. Sahne mit Vanillezucker steif schlagen und unter die Mascarponecreme rühren.

6   Den abgekühlten Tortenboden einmal waagrecht teilen und einen Teil der Creme auf dem Boden verteilen. Deckel wieder daraufsetzen. Mit der übrigen Creme die Torte außen verzieren. Torte mindestens 3 Stunden kühlstellen.

7   Kuchenglasur im Wasserbad schmelzen. Wenn sie aufgelöst ist, nicht sofort auf die Torte geben, sondern noch ein wenig abkühlen lassen. Dann vorsichtig auf die Torte gießen und glattstreichen. Baisers auf der Torte verteilen.

Ein Teil der Glasur darf ruhig über den Rand fließen, denn dann sieht die Torte schöner aus.

BAISERNESTCHEN für 6 Stück

3 Eiweiß
1 Prise Salz
150 g Zucker
1 TL Speisestärke
½ TL Weißweinessig
etwas Lebensmittelpaste

1 Eiweiß mit Salz steif schlagen. Zucker einrühren und noch weiter aufschlagen, bis das Eiweiß schön glänzt. Speisestärke, Essig und Lebensmittelpaste unterrühren. Alles in einen Spritzbeutel mit Lochtülle (ca. 8 mm) füllen. Ein Backblech mit Backpapier auslegen. Kreise mit ca. 7 cm Durchmesser aufspritzen und den Rand ein- bis zweimal nachfahren.

2 Im Backofen bei 100 Grad 60 Minuten backen. Danach weitere 10 Minuten im ausgeschalteten Ofen ruhen lassen. Die Baisers sollten sich leicht vom Backpapier lösen lassen und nicht mehr festkleben!

3 Abkühlen lassen und nach Belieben mit Süßigkeiten füllen.

BANANEN-RICOTTA-GUGLS MIT FUNFETTI-POPCORN

GUGLS

1 reife Banane
90 g weiche Butter
90 g Zucker
2 Eier
150 g Mehl
$\frac{1}{2}$ TL Backpulver
100 g Ricotta
Mark von 1 Vanilleschote

POPCORN

weiße Candy Melts (ersatz-
    weise weiße Schokolade)
ggf. Palmin
Popcorn
bunte Zuckerstreusel

Puderzucker

1 Banane mit einer Gabel zerdrücken. Butter mit Zucker schaumig schlagen. Eier zugeben und cremig rühren. Mehl mit Backpulver vermischen und unterrühren. Ricotta, das Mark der Vanilleschote und zerdrückte Banane untermengen.

2 Mini-Guglförmchen einfetten und mit Teig füllen. Im vorgeheizten Backofen bei 180 Grad 25 Minuten backen. Mit dem Holzstäbchen testen, ob der Teig schon durch ist.

3 Für das Funfetti-Popcorn die Candy Melts im Wasserbad schmelzen. Evtl. etwas Palmin zugeben, damit die Masse schön geschmeidig wird und sich gut verteilen lässt (bei weißer Schokolade kein Palmin zugeben!).

4 Popcorn in eine Schüssel geben. Schokolade darübergeben und gut durchrühren, bis das Popcorn mit Schokolade bedeckt ist. Zuckerstreusel dazugeben und nochmals durchrühren.

5 Ein Blech mit Backpapier auslegen und das Popcorn darin flach verteilen. Trocknen lassen. Anschließend auseinanderbrechen.

6 Gugls mit Puderzucker bestreuen und mit Popcorn garnieren. Übrig bleibendes Popcorn einfach in Schälchen geben und auf dem Sweettable schön anrichten.

WINTER
IDEEN

SWEET

MACADAMIA-SCHOKOLADEN-TORTE MIT BANANEN UND DULCE DE LECHE

TEIG
150 g Zartbitterschokolade (70 %)
60 g Macadamianüsse (ungesalzen)
120 g Butter
100 g Zucker
3 Eier
120 g Mehl
1 TL Backpulver
2 EL Milch

DULCE DE LECHE
1 Dose (400 ml) gezuckerte Kondensmilch

FÜLLUNG
2 reife Bananen
200 g Sahne
1 Pck. Bourbon-Vanillezucker
100 g Mascarpone
2 EL Zucker

FROSTING
100 g Zartbitterkuvertüre
150 g Sahne
1 Pck. Vanillezucker
250 g weiche Butter
150 g Puderzucker
15 g Kakao

1 Für den Teig die Schokolade im heißen Wasserbad schmelzen und auf Raumtemperatur abkühlen lassen. Nüsse grob hacken und in einer Pfanne ohne Fett rösten. Butter mit Zucker schaumig schlagen. Eier zugeben und cremig rühren. Mehl mit Backpulver mischen und unter die Eimasse mengen. Nüsse und Milch ebenfalls zugeben und alles gut verrühren.

2 In eine gefettete Springform füllen und für 45–50 Minuten bei 180 Grad backen. Mit einem Holzstäbchen testen, ob der Teig gar ist. Abkühlen lassen und zweimal waagrecht teilen.

3 Aus der süßen Kondensmilch Dulce de Leche herstellen. Dazu die Papierbanderole der Dose entfernen und die Dose in einen Kochtopf stellen. Soviel Wasser angießen, dass die Dose komplett bedeckt ist und bei mittlerer Hitze ca. 2–3 Stunden köcheln lassen, dabei zwischendurch immer wieder kochendes Wasser nachgießen – die Dose muss konstant mit Wasser bedeckt sein. Die Dose herausnehmen und komplett abkühlen lassen. Zum Weiterverwenden die Dose öffnen und die fertige Dulce de Leche entnehmen.

Wenn ich etwas Dulce de Leche übrig habe, fülle ich es in ein Weckglas um und bewahre es im Kühlschrank auf.

4 Für die Füllung Bananen in Scheiben schneiden. Sahne mit Vanillezucker steif schlagen. Mascarpone mit 2 EL Zucker cremig rühren. Sahne unter die Mascarpone heben.

5 Auf einen Tortenboden 1 EL Dulce de Leche streichen. Die Hälfte der Bananen darauf verteilen und mit der Hälfte der Creme bestreichen. Mit einem weiteren Tortenboden bedecken, wieder mit 1 EL Dulce de Leche bestreichen und mit der zweiten Hälfte Bananen und Creme belegen. Mit dem letzten Boden abschließen und kühlstellen.

Die Torte kann auch über Nacht gekühlt werden.

6 Für das Frosting die Kuvertüre im Wasserbad erhitzen und auf Raumtemperatur abkühlen lassen. Sahne mit Vanillezucker steif schlagen. Butter mit Puderzucker und Kakao cremig rühren. Sahne zugeben und zum Schluss die Schokolade einrühren. Alles auf der Torte verteilen und glattstreichen.

Verziert habe ich die Torte mit Macadamianüssen, die ich vorher in Karamell getaucht habe *(siehe Folgeseite).*

für ca. 8 große Nüsse

MACADAMIANÜSSE IN KARAMELL

100 g Zucker
2 EL Wasser

1 Für den Karamell Zucker und 2 EL Wasser in einem Topf aufkochen. Solange köcheln, bis alles schön hellbraun ist. Danach vom Herd nehmen und kurz abkühlen lassen.

Der Karamell ist perfekt, wenn er nicht mehr allzu flüssig ist und auch noch nicht zu fest. Wenn man Fäden ziehen kann, ist er genau richtig.

2 Nüsse in Zahnstocher stecken und damit in den Karamell tauchen. Kurz abtropfen lassen und auf einer mit Öl eingestrichenen Alufolie festwerden lassen.

Die Nüsse mit den Zahnstochern lassen sich gut vorbereiten.

für ein Backblech mit den Maßen 23 x 29 cm

ROCKY-ROAD-BLONDIES

100 g weiße Schokolade
200 g weiche Butter
120 g Zucker
1 Pck. Bourbon-Vanillezucker
4 Eier
230 g Mehl
100 g gemahlene Mandeln
1 TL Backpulver
3 EL Milch

200 g Zartbitterkuvertüre
1 Packung kleine Marshmallows
Belegkirschen
Erdnüsse (ungesalzen)

1 Schokolade im heißen Wasserbad schmelzen und auf Raumtemperatur abkühlen lassen. Butter mit Zucker und Vanillezucker aufschlagen. Eier zugeben und weiterrühren. Mehl mit Mandeln und Backpulver mischen und unter die Masse mengen. Zum Schluss Milch unterrühren.

2 Backblech einfetten und mit Mehl bestäuben. Den Teig einfüllen und glattstreichen. Im vorgeheizten Backofen bei 180 Grad ca. 30 Minuten backen. Mit dem Holzstäbchen testen, ob der Teig gar ist. Abkühlen lassen.

3 In Schnitten schneiden oder mit einem Kreisausstecher Stücke ausstechen. Kuvertüre im Wasserbad schmelzen. Zwei Drittel davon auf die Stücke streichen. Sofort mit Marshmallows, Belegkirschen und Erdnüssen bestreuen. Die restliche Kuvertüre mit einem Löffel über die Stücke träufeln. Die Menge des Belags ist jedem selbst überlassen!

BLUTORANGENTARTE MIT BAISERHÄUBCHEN UND KOMPOTT

TEIG
180 g Mehl
50 g Mandeln
130 g kalte Butter
50 g Puderzucker
1 Prise Salz
1 Eigelb
Hülsenfrüchte zum Mitbacken

FÜLLUNG
150 ml Sahne
150 g Crème fraîche
Mark von 1 Vanilleschote
110 g Zucker
2 Eier
100 ml Blutorangensaft
   (frisch gepresst)

BAISERS
3 frische Eiweiß
120 g Zucker

KOMPOTT
3 Blutorangen
3 EL Zucker
Mark von 1 Vanilleschote
1 EL Cointreau

1   Mehl mit Mandeln in eine Schüssel sieben. Butter, Puderzucker, Salz und Eigelb zugeben und alles zu einem glatten Mürbteig verkneten. In Frischhaltefolie einschlagen und mindestens 1 Stunde im Kühlschrank kaltstellen.

2   Den Teig auf einer bemehlten Arbeitsfläche ausrollen und in einer gefetteten Tarte- oder Springform auslegen. Teigboden mit einer Gabel mehrmals einstechen und mit Backpapier abdecken.

3   Form mit Hülsenfrüchten füllen und im vorgeheizten Backofen bei 180 Grad 10 Minuten vorbacken.

4   Für die Füllung die Sahne steifschlagen. Crème fraîche mit dem Mark der Vanilleschote, Zucker, den Eiern und dem Saft glattrühren. Steif geschlagene Sahne unterheben und auf dem Tarteboden verteilen. 40 Minuten bei 180 Grad weiterbacken. Abkühlen lassen.

5   Vor dem Servieren die Eiweiße steif schlagen. Dabei den Zucker einrieseln lassen. In einen Spritzbeutel mit mittlerer Sterntülle füllen und auf die Tarte spritzen. Im Backofengrill bei 150 Grad ca. 5–10 Minuten bräunen.

Bitte beim Bräunen aufpassen: Die Baiserspitzen sollten ein wenig Farbe bekommen, aber nicht zu dunkel werden.

Alternativ kann man das Eiweiß auch mit einem Bunsenbrenner bräunen.

6   In der Zwischenzeit die Blutorangen filetieren. Den Saft auffangen bzw. von den fertig filetierten Orangen den restlichen Saft ausdrücken.

7   Alles in einen kleinen Topf geben. Mit Zucker, dem Mark der Vanilleschote und Cointreau aufkochen lassen. Ca. 2 Minuten köcheln und danach abkühlen lassen.

8   Das Kompott zur Tarte servieren.

für eine Springform von 16–20 cm Durchmesser

MANGO-PASSIONSFRUCHT-TORTE MIT KOKOSCREME

TEIG

4 Eier (zimmerwarm)
1 Prise Salz
100 g Zucker
1 Pck. Bourbon-Vanillezucker
4 EL Passionsfruchtsaft
80 g Mehl
80 g Speisestärke
1 TL Backpulver

FÜLLUNG

2 Blatt Gelatine
200 g Sahne
250 g Mascarpone
Mark von 1 Vanilleschote
50 g Zucker
100 ml cremige Kokosmilch
2 Passionsfrüchte
1 reife Mango

FROSTING

250 g Sahne
1 Pck. Vanillezucker
120 g Butter (zimmerwarm)
250 g Mascarpone
120 g Puderzucker

PÜREE

1/3 Fruchtfleisch von Mango
1 EL Puderzucker
1–2 EL Orangensaft
1 Passionsfrucht

1   Eier trennen. Eiweiß mit Salz steif schlagen. Eigelb mit Zucker und Vanillezucker cremig rühren. Passionsfruchtsaft hinzufügen und verrühren. Mehl mit Speisestärke und Backpulver mischen und untermengen. Eiweiß unterheben.

2   Teig in eine gefettete Backform füllen und bei 180 Grad ca. 35–45 Minuten backen. Mit dem Holzstäbchen nach 35 Minuten testen, ob der Teig schon durchgebacken ist. Gegebenenfalls noch 10 Minuten Backzeit zugeben.

3   Abkühlen lassen und zweimal waagrecht durchschneiden.

4   Gelatine 10 Minuten in kaltem Wasser einweichen. Sahne steif schlagen. Mascarpone mit dem Mark der Vanilleschote, Zucker und Kokosmilch cremig rühren. Fruchtfleisch der Passionsfrüchte untermischen, Sahne unterheben. Gelatine in kleinem Topf erwärmen und unter die Creme rühren.

5   Mango schälen und ein Drittel davon für das Püree beiseite stellen. Die anderen zwei Drittel in dünne Scheiben schneiden.

6   Um den ersten Tortenboden einen Tortenring legen. Die Hälfte der Mangoscheiben auf dem Tortenboden verteilen. Creme darüberstreichen und anschließend den zweiten Tortenboden daraufsetzen. Vorgang wiederholen und mit dem dritten Tortenboden abschließen. Im Kühlschrank mindestens 3 Stunden kaltstellen.

7   Für das Frosting Sahne mit Vanillezucker steif schlagen. Butter mit Mascarpone und gesiebtem Puderzucker cremig rühren. Sahne unterheben.

8   Einen Klecks Frosting auf der Oberseite der Torte verstreichen. Den Rest in einen Spritzbeutel mit mittelgroßer Lochtülle füllen. Auf dem Rand der Torte von unten nach oben in einer Reihe Tupfen aufspritzen. Mit einem Teelöffel Mulden in die Tupfen formen und nach rechts verstreichen. Eng an die gerade geformten Mulden wieder von unten nach oben Tupfen aufspritzen und von unten nach oben wieder zu formen beginnen. So weiterverfahren, bis die ganze Torte eingedeckt ist.

9   Für das Mango-Passionsfruchtpüree Mango mit Puderzucker und Orangensaft pürieren. Fruchtfleisch der Passionsfrucht hinzugeben und auf der Torte verteilen.

Winterideen

ORANGEN-MOHN-WEIHNACHTSTORTE

BISKUIT

4 Eier
1 Prise Salz
80 g Zucker
1 Pck. Vanillezucker
80 g Mehl
80 g Speisestärke
1 TL Backpulver
20 g Mohn
Abrieb einer Bio-Orange
4 EL lauwarmes Wasser
evtl. 1 TL Orangenblütenwasser

FÜLLUNG

200 g Sahne
250 g Mascarpone
1 TL Zimt
1 Msp. gemahlener Kardamom
4 EL frisch gepresster
    Orangensaft
Mark von 1 Vanilleschote
4 EL Zucker

FROSTING

200 g Sahne
1 Pck. Vanillezucker
70 g Butter (zimmerwarm)
150 g Mascarpone
120 g Puderzucker

1 Eier trennen. Eiweiß mit Salz steif schlagen. Eigelb mit Zucker und Vanillezucker sehr cremig rühren. Mehl mit Speisestärke und Backpulver mischen und über die Eimasse sieben. Mohn und Orangenabrieb dazugeben und untermengen. Wasser zugeben, nochmals verrühren und zuletzt Eischnee unterheben. Ggf. mit Orangenblütenwasser parfümieren.

2 Alles in eine gefettete Springform füllen und bei 180 Grad ca. 30 Minuten backen. Mit dem Holzstäbchen testen, ob der Teig durchgebacken ist.

3 Abkühlen lassen und zweimal waagrecht auseinanderschneiden.

4 Für die Füllung Sahne steif schlagen. Mascarpone mit den restlichen Zutaten cremig rühren. Sahne unterheben. Abschmecken und ggf. noch etwas Zucker hinzufügen. Creme zwischen den Tortenböden verteilen und glattstreichen. Im Kühlschrank ca. 2 Stunden kühlen.

5 Für das Frosting Sahne mit Vanillezucker steif schlagen. Butter mit Mascarpone und gesiebtem Puderzucker cremig rühren. Sahne unterheben. Die Masse auf der Torte verteilen.

DEKO TIPP

Passend zur Weihnachtszeit habe ich meine Torte mit Schokoladenbäumen geschmückt. Für die Plätzchen habe ich das Rezept der Engelsflügel auf Seite 181 verwendet und sie mit Royal-Icing und Fondant mit essbarem Glitter verziert.

CHURROS MIT SCHOKOLADENDIP

DIP

100 g Sahne
100 g Zartbitterschokolade
1 TL Butter

CHURROS

70 g Butter
200 ml Wasser
1 Prise Salz
200 g Mehl (gesiebt)
3 Eier
1 TL brauner Rum

1 Liter neutrales Pflanzenöl
   zum Ausbacken

3 EL Zucker
1 Pck. Vanillezucker
1 TL gemahlener Zimt

1   Zuerst den Schokoladendip herstellen. Dafür Sahne in einen kleinen Topf geben und erhitzen. Anschließend die Schokolade darin auflösen. Vom Herd ziehen, Butter einrühren und die Masse in ein Schüsselchen füllen. Etwas abkühlen lassen.

2   In einem Topf die Butter mit dem Wasser und dem Salz erhitzen. Sobald die Butter geschmolzen ist, alles unter Rühren zum Kochen bringen. Danach den Topf von der Herdplatte ziehen, das gesiebte Mehl auf einmal hineingeben und kräftig rühren, bis eine homogene Masse entsteht. Wieder zurück auf die Herdplatte schieben und ständig weiterrühren, bis sich der Teig vom Topf löst und glatt ist. Das wird ein paar Sekunden dauern. Teig in eine Rührschüssel füllen. Eier nach und nach mit dem Handrührgerät untermengen, bis ein weicher und glänzender Teig entsteht. Rum unterrühren.

3   Öl in einem hohen Topf erhitzen. Teig in einen Spritzbeutel mit mittelgroßer Sterntülle füllen. Teigstangen ins heiße Fett spritzen und goldgelb ausbacken. Auf Küchenkrepp kurz abtropfen lassen.

4   Zucker mit Zimt und Vanillezucker mischen und die warmen Churros darin wälzen. Sofort mit dem Dip servieren!

für eine Guglhupfform von 22 cm Durchmesser

SCHOKOLADEN-BAILEYS-KUCHEN

100 g Zartbitterschokolade
(50 % oder 70 %)
200 g Butter
90 g Zucker
1 Pck. Vanillezucker
4 Eier
50 g Kakao
150 g Mehl
50 g gemahlene Mandeln
1 TL Backpulver
150 ml Baileys

Kuchenglasur (dunkel und/oder
Vollmilch) bzw. Puderzucker

1 Die Schokolade im heißen Wasserbad schmelzen lassen und auf Raumtemperatur abkühlen lassen. Butter mit Zucker und Vanillezucker schaumig schlagen. Eier nach und nach zugeben und alles schön cremig rühren. Kakao, Mehl, Mandeln und Backpulver mischen und unter den Teig heben. Baileys und abgekühlte Schokolade unterrühren.

2 Den Teig in eine gefettete und mit Mehl bestäubte Backform füllen und im vorgeheizten Backofen bei 180 Grad ca. 45–50 Minuten backen. Mit einem Holzstäbchen testen, ob noch Teig kleben bleibt, wenn nicht, ist der Kuchen fertig.

3 Abkühlen lassen.

4 Mit Schokoladenglasur oder Puderzucker verzieren.

für eine Kastenform von 25 cm Länge

MANDARINEN-GRIESSKUCHEN

TEIG

225 g weiche Butter
160 g Zucker
Mark von 1 Vanilleschote
3 Eier
230 g Mehl
1 TL Backpulver
100 g gemahlene Mandeln
100 g Weichweizengrieß
150 ml Milch
1 TL Abrieb einer Bio-Mandarine
Saft von 4 Mandarinen
   (250 g Mandarinen)

GUSS

1 frisches Eiweiß
1 EL Mandarinensaft
200 g Puderzucker gesiebt

MANDARINENDEKO

80 g Zartbitterschokolade (70 %)
6 kandierte Mandarinenscheiben

1 Butter mit Zucker und dem Mark der Vanilleschote schaumig schlagen. Eier zugeben und alles weiter cremig rühren. Mehl mit Backpulver, Mandeln und Grieß mischen und unter den Teig rühren. Milch, Abrieb der Mandarine und Mandarinensaft (bis auf 1 EL für den Guss) hineinrühren.

2 Eine Backform einfetten und mit Mehl bestäuben. Teig einfüllen und im vorgeheizten Backofen bei 180 Grad 1 Stunde backen. Abkühlen lassen.

3 Für den Guss das Eiweiß mit dem Saft und dem Puderzucker mit dem Handrührgerät glattrühren und über dem Kuchen verteilen.

4 Für die Dekoration die Schokolade im Wasserbad schmelzen. Die Mulden eines Muffinblechs mit etwas neutralem Pflanzenöl dünn einölen und je einen EL Schokolade hineinfüllen. Mandarinen einlegen und alles fest werden lassen. Vorsichtig aus der Form lösen. Kuchen damit belegen.

WINTERLICHER MAGIC-CAKE MIT WALNÜSSEN UND KARAMELL

120 g Butter
4 Eier
500 ml Milch
110 g Zucker
1 Pck. Bourbon-Vanillezucker
1 EL Wasser
115 g Mehl
1 Prise Zimt
1/2 TL Abrieb einer Bio-Orange

Puderzucker

2 EL Honig
30 g Walnüsse
Karamellsoße
    (siehe Seite 34)

1 Butter in einem kleinen Topf schmelzen. Eier trennen. Eiweiß steif schlagen. Milch in einem Topf erwärmen und kurz beiseite stellen.

2 Eigelb mit Zucker, Vanillezucker und Wasser schaumig schlagen. Butter zugeben und weiter alles sehr cremig rühren. Mehl, Zimt und Abrieb der Orange hinzufügen. Lauwarme Milch einrühren. Geschlagenes Eiweiß unterheben.

3 Eine Backform einfetten und den Teig einfüllen. Die Backform sollte ganz geschlossen sein (keine Springform), denn der Teig ist flüssig und kann ansonsten beim Backvorgang aus der Form laufen.

4 Kuchen im vorgeheizten Backofen bei 160 Grad ca. 55 Minuten backen, bis die Oberseite goldbraun ist. In der Backform für mindestens 3 Stunden auskühlen lassen.

5 Mit Puderzucker bestreuen und in Würfel schneiden.

6 Zum Servieren den Honig in einer beschichteten Pfanne karamellisieren. Von der Platte ziehen und die Walnüsse darin schwenken. Auf ein Backpapier legen und kurz abkühlen lassen. Mit der Karamellsoße zum Kuchen reichen.

WEIHNACHTEN

AN WEIHNACHTEN MAG ICH ES BESONDERS GERN, WENN ALLES SCHÖN HELL UND FESTLICH GEDECKT IST. DIESES MAL HABE ICH MICH FÜR VIEL WEISS MIT ROSA ENTSCHIEDEN, DAZU EIN PAAR DETAILS IN GOLD.

FESTLICH IN ROSA

MATERIAL
weißes Papier
goldenes Geschenkpapier
rosa Tonpapier
Kreis-Stanzer
Bastelkleber
Sternschachteln
rosa Acryllack
Pinsel
goldener Acryllack zum Sprühen
Bäume aus dem Modelleisen-
    bahn-Bedarf
Heißkleber

Zuerst habe ich die Origami-Tannenbäume in verschiedenen Größen aus weißem Papier und goldenem Geschenkpapier gefaltet und auf dem Tisch verteilt. Eine Anleitung dazu findet man z. B. im Internet unter *http://nurin-kurin.blogspot.de/2013/11/diy-kuusi-origami.html*.

Rundherum habe ich auch noch weiße Weihnachtskugeln und kleine 3-D-Kugeln aus rosa Tonpapier verstreut. Um sie zu basteln, brauche ich einen Kreis-Stanzer, mit dem ich Kreise aus dem Papier stanze. Für jede Kugel nehme ich 6 Kreise und falte diese in der Mitte. Die äußeren Faltflächen klebe ich aneinander, sodass eine Kugel entsteht.

Wenn man die Kugeln mit einer Schnur verbindet oder die Schnur beim Klebevorgang in die Kugeln mit einklebt, entsteht eine Girlande.

Auf den Tellern habe ich als kleine Gastgeschenke Sternschachteln verteilt. Diese habe ich als Rohlinge gekauft und mit rosafarbenem Acryllack bepinselt. Nach dem Trocknen habe ich auf die Schachteln kleine Tannenbäume mit Heißkleber geklebt, die ich vorher mit goldenem Sprühlack besprüht habe.

Die süßen Leckereien habe ich auf einer Etagere verteilt und dahinter an die Wand Sternaufkleber geklebt.

für 10 Törtchen

WINTERLICHE TÖRTCHEN

TEIG

125 g Butter
90 g Zucker
2 Eier
100 g Mehl
1 TL Backpulver
50 g gemahlene Mandeln
Mark von 1 Vanilleschote
1 EL Abrieb einer Bio-Orange
3 EL Orangensaft
50 g Marzipan

FROSTING

100 g weiße Schokolade
175 g Doppelrahmfrischkäse
100 g Butter (Raumtemperatur)
50 g Puderzucker
1 Pck. Vanillezucker
1 EL Orangensaft
1 Prise gemahlener Zimt

1   Butter mit Zucker schaumig schlagen. Eier zugeben und unterrühren. Mehl mit Backpulver und Mandeln mischen und untermengen. Das Mark der Vanilleschote mit dem Abrieb der Orange und dem Orangensaft unterrühren. Marzipan grob reiben und ebenfalls in den Teig geben.

2   Alles in ein gefettetes Muffinblech füllen und bei 180 Grad im vorgeheizten Backofen ca. 25–30 Minuten backen. Mit einem Holzstäbchen testen, ob der Teig durchgebacken ist. Abkühlen lassen.

3   Für das Frosting Schokolade im heißen Wasserbad schmelzen und abkühlen lassen. Frischkäse mit Butter, Puderzucker, Vanillezucker, Orangensaft sowie Zimt cremig rühren. Unter Rühren die abgekühlte Schokolade einfließen lassen.

4   Die Creme in einen Spritzbeutel mit großer Sterntülle füllen. Auf die abgekühlten Törtchen je einen Klecks in Form einer Rose aufspritzen.

Die Törtchen habe ich mit Plätzchen (siehe Seite 181) dekoriert.

LEBKUCHEN-GUGLS

125 g weiche Butter
70 g brauner Zucker
1 Pck. Vanillezucker
2 Eier
200 g Mehl
1 TL Backpulver
1 TL gemahlener Zimt
$1/2$ TL gemahlener Ingwer
$1/2$ TL gemahlener Kardamom
1 Msp. gemahlene Nelken
1 TL Abrieb einer Bio-Orange
50 ml Sahne
2 EL Milch
1 EL Zuckerrübensirup oder
   Honig

weiße Candymelts und Palmin,
   ersatzweise weiße Kuvertüre
Zuckerperlen

1 Butter mit Zucker und Vanillezucker schaumig schlagen. Eier zugeben und weiter cremig rühren. Mehl mit Backpulver und den Gewürzen mischen und unter die Eimasse heben. Abrieb der Orange, Sahne, Milch und Zuckerrübensirup hinzufügen.

2 In gefettete Guglförmchen füllen und im vorgeheizten Backofen bei 180 Grad ca. 20–25 Minuten backen. Mit dem Holzstäbchen testen, ob die Gugls durchgebacken sind. Abkühlen lassen.

3 Candymelts im heißen Wasserbad schmelzen. Soviel Palmin zugeben, bis sich eine geschmeidige Konsistenz ergibt. Gugls damit begießen und mit Zuckerperlen verzieren.

ENGELSFLÜGEL UND STERNE

150 g Mehl
25 g Kakao
70 g Puderzucker
1 Pck. Vanillezucker
1 Prise Salz
100 g Butter
1 kleines Ei (Größe S)

Royal Icing *(siehe Seite 40)*
oder weißes Fondant
Zuckerperlen

1 Mehl mit Kakao und Puderzucker in eine Schüssel sieben. Vanillezucker, Salz, Butter und Ei zugeben und alles zu einem glatten Teig verkneten. Falls der Teig zu klebrig ist, entsprechend Mehl hinzufügen. Falls er zu trocken ausfällt, etwas Butter beimengen. Den Teig in Frischhaltefolie wickeln und für mindestens 1 Stunde in den Kühlschrank legen.

2 Auf einer bemehlten Arbeitsfläche den Teig 3 mm dünn ausrollen und mit Flügel- und kleinen Sternausstechern Plätzchen ausstechen. Ein Blech mit Backpapier belegen und die Plätzchen darauf verteilen. Im vorgeheizten Backofen bei 180 Grad ca. 8–10 Minuten backen. Abkühlen lassen und mit Royal Icing oder Fondant verzieren. Zum Schluss mit Zuckerperlen bestreuen.

SILVESTER

SILVESTER FEIERN WIR GERN ZU HAUSE UND LADEN UNS DAZU EIN PAAR GÄSTE EIN. EINE GROSSE FREUDE IST ES FÜR MICH, MIR EIN DEKOTHEMA UND FARBSCHEMA DAZU EINFALLEN ZU LASSEN.

AUF EIN GOLDENES JAHR

MATERIAL
Partyhüte
Hemdfliegen
Folienkonfetti
goldene Mini-Discokugeln
schwarze Hotfix-Steine
weiße Stoffservietten
Backpapier
Wunderkerzen
Holzstäbchen
Diamantsticker aus dem
    Scrapbookbedarf
Folienballons (Zahlen
    und Kreise)
goldenes Papier
Kreisstanzer
Schnur
Kleber

Unseren Silvestertisch habe ich für die Party mit ein paar Glitzer- und Glamourdetails geschmückt. Als Farbschema habe ich mir Schwarz, Weiß und Gold ausgesucht, weil sie den Tisch festlich, aber nicht zu überladen wirken lassen. Für die weiblichen Gäste habe ich auf den Tellern kleine Partyhüte verteilt und für die männlichen Gäste weiße Hemdfliegen. Zudem habe ich weißes und goldenes Folienkonfetti auf dem Tisch verstreut und goldene Mini-Discokugeln verteilt.

Die Servietten habe ich mit schwarzen Hotfix-Strasssteinen zum Aufbügeln verschönert. Das ist eine schnelle und effektive Methode, Stoffservietten noch einen eleganten Touch zu verleihen. Es geht ganz einfach: Man legt die Steine auf den Stoff, deckt sie mit Backpapier vorsichtig ab und fixiert sie mit dem Bügeleisen ohne Dampf.

Beim Aufbügeln der Steine darf man das Bügeleisen nicht hin und her bewegen, weil sonst die Steine verrutschen.

Für die große Mitternachtsstunde habe ich jedem Gast auf der Serviette eine Wunderkerze in Sternform bereitgelegt. Für die Bowle stecken in den Gläsern Holzstäbchen, die ich mit selbstklebenden Diamantstickern beklebt habe.

Über dem Tisch baumeln Zahlen-Folienballons in Gold. Entweder wählt man die Zahlen nach der kommenden Jahreszahl aus oder man befestigt die Zahlen von 10 bis 0, um den Countdown einzuläuten.

Auch unseren Sweettable zieren Folienballons – diesmal aber in runder Form, genauso wie eine goldene Girlande aus ausgestanzten Papierkreisen, die ich auf eine lange dünne Schnur geklebt habe.

für 12 Stück

10 9 8 7 6 5 4 3 2 1 0

COUNT-DOWN-SCHOKO-LADEN-PECAN-MINI-PIES

250 g Mehl
1 Prise Salz
1 EL Puderzucker
150 g kalte Butter
70 ml kaltes Wasser

150 ml Sahne
50 g Zartbitterschokolade
120 ml Ahornsirup
1 Pck. Vanillezucker
2 Eier
2 TL Speisestärke
200 g Pecannüsse
    (ersatzweise Walnüsse)

1   Mehl, Salz und Puderzucker zusammen mit der kalten Butter und dem Wasser in eine Schüssel geben und zu einem glatten Teig verkneten. Den Teig in Frischhaltefolie wickeln und für ca. 1 Stunde in den Kühlschrank legen.

2   Den Teig auf einer bemehlten Arbeitsfläche dünn ausrollen und mit einem runden Ausstecher (9–10 cm Durchmesser) 12 Kreise ausstechen. Aus dem übrigen Teig mit Zahlenausstechern Zahlen ausstechen. Ein Muffinblech einfetten, mit etwas Mehl bestäuben und in jede Mulde einen Kreis geben.

3   Sahne mit der Schokolade erhitzen und Schokolade darin unter Rühren vollständig schmelzen lassen. Abkühlen lassen.

4   Die abgekühlte Schokolade mit Ahornsirup, Vanillezucker, Eiern und Speisestärke verrühren. 150 g Pecannüsse unter die Masse heben. In die Teigmulden füllen. Restliche 50 g der Nüsse auf den Pies verteilen. Mit den ausgestochenen Zahlen belegen und bei 180 Grad ca. 25–30 Minuten backen.

Statt der kleinen Pies kann man auch eine größere Pie in einer Springform mit 20 cm Durchmesser backen.

MMH ALASKA-EISTORTE

für eine Springform von 16–20 cm Durchmesser

200 g Butter
120 g Zucker
1 Pck. Vanillezucker
4 Eier
280 g Mehl
1 TL Backpulver
90 ml Milch
1 TL Abrieb einer Bio-Zitrone

Erdbeereis
4 EL Erdbeermarmelade

4 frische Eiweiße
1 Prise Salz
180 g Zucker
1 Pck. Vanillezucker
3 TL Speisestärke
1 TL Weißweinessig

Zahlen-Wunderkerzen

1   Für den Kuchen die Butter mit dem Zucker und dem Vanillezucker schaumig schlagen. Eier nach und nach zugeben. Mehl mit Backpulver mischen und unterheben. Milch und Zitronenabrieb ebenfalls untermengen.

2   Im vorgeheizten Backofen bei 180 Grad 1 Stunde backen. Auskühlen lassen. Zweimal waagrecht auseinanderschneiden.

3   Erdbeereis aus dem Kühlfach nehmen und für ca. 1 Stunde beiseite stellen, damit das Eis weicher und streichfähig wird. Zu flüssig sollte es allerdings nicht werden, deshalb immer wieder überprüfen.

4   Einen Tortenring um einen Boden legen und diesen mit 2 EL Marmelade bestreichen. Erdbeereis in der gewünschten Menge daraufgeben und glattstreichen. Mit dem zweiten Boden belegen und wie gehabt Marmelade und Eis darauf verteilen. Mit einem Deckel abdecken und für mindestens 4 Stunden ins Kühlfach legen.

5   Kurz vor dem Servieren Torte aus dem Kühlfach nehmen und Tortenring entfernen. Eiweiß mit Salz steif schlagen. Zucker und Vanillezucker einrühren und noch weiter aufschlagen, bis das Eiweiß schön glänzt. Speisestärke und Essig unterrühren.

6   Eiweiß gleichmäßig auf der Torte ringsum verteilen. Mit einem Bunsenbrenner den Eischnee leicht anbräunen.

Wer keinen Bunsenbrenner zur Hand hat, kann die Torte auch kurz ins vorgeheizte Backrohr geben und im Backofengrill ganz kurz überbacken, bis der Eischnee an den Spitzen zu bräunen beginnt.

7   Torte sofort servieren.

Die Torte lässt sich aber auch sehr gut am Vortag vorbereiten und ins Gefrierfach geben, dann braucht man vor dem Servieren nur noch den Eischnee auf der Torte verteilen.

DEKO-TIPP

Ich habe die Torte noch mit Zahlen-Wunderkerzen, die es im Partyartikelversand gibt, optisch dem Event angepasst.

für 4 Portionen

NO-BAKE-ERDNUSSBUTTER-CHEESECAKE IM GLAS

BODEN
75 g Butterkekse
40 g flüssige Butter
1 EL Puderzucker

CREME
200 g Sahne
1 Pck. Vanillezucker
175 g Doppelrahmfrischkäse
3 EL Honig
70 g glatte Erdnussbutter

BELAG
ca. 4 EL Karamell
    (siehe Seite 34)
2 EL Erdnüsse ohne Salz,
    gehackt
1 Prise Meersalz

selbstklebende Diamanten-
    Sticker aus dem Scrapbook-
    bedarf

1   Butterkekse in einen Gefrierbeutel füllen und mit einem Nudelholz ganz fein mahlen. Butter in einem kleinen Topf erhitzen. Keksbrösel mit dem Puderzucker in einem Schälchen vermengen und die flüssige Butter unterheben. Alles gut vermischen.

2   Die Masse gleichmäßig auf 4 Gläser verteilen und am Boden andrücken.

3   Für die Creme die Sahne mit dem Vanillezucker steif schlagen. Doppelrahmfrischkäse mit Honig und Erdnussbutter glattrühren. Sahne unterheben und auf den Keksboden geben.

4   Im Kühlschrank für ein paar Stunden kühlstellen.

5   Vor dem Servieren den Karamell über die Creme geben und mit gehackten Erdnüssen und Meersalz bestreuen.

Dieses Dessert kann bereits am Vortag zubereitet werden.

DEKO-TIPP

Die Gläser habe ich mit selbstklebenden Diamantenstickern beklebt.

LECKER LECKER LECKER

MEIN BLOG:

WWW.FRAEULEIN-KLEIN.BLOGSPOT.DE

DANK UND IMPRESSUM

Vor allem möchte ich mich bei meiner Familie, meinem Mann und meinen beiden Töchtern, bedanken, die mich immer fleißig unterstützen, bei allem was ich mache.
Ebenso gebührt allen Lesern meines Blogs und der Bücher ein Dank für die großartige Unterstützung.

Es gibt einige Shops, die viele der schönen Dinge in diesem Buch online anbieten, eine Auswahl hier:
Party Princess: www.party-princess.de
Blueboxtree: www.blueboxtree.com
Geliebtes Zuhause: www.geliebtes-zuhause.de
Home & Living: www.homeundliving.com
Shabby Style: www.shabby-style.de
Villa König: www.villakoenig.de
Town & Country Home: www.town-country-home.de

© 2014 Verlag Georg D.W. Callwey GmbH & Co. KG
Streitfeldstraße 35, 81673 München
www.callwey.de
E-Mail: buch@callwey.de

Bibliografische Information der Deutschen Nationalbibliothek:
Die Deutsche Nationalbibliothek verzeichnet diese Publikation in der Deutschen Nationalbibliografie; detaillierte bibliografische Daten sind im Internet über http://dnb.d-nb.de abrufbar.

ISBN 978-3-7667-2116-7

Alle Bilder in diesem Buch stammen von Yvonne Bauer.

Projektleitung: Sabrina Kuchlbauer
Lektorat: Büro Anne Funck, München
Umschlaggestaltung, Layout und Satz: Claudia Eder – Konzept und Gestaltung, Augsburg
Druck und Bindung: Stürtz GmbH, Würzburg

PRINTED IN GERMANY